中央高校基本科研业务费专项基金
项目（2662017QD031）资助出版

通往治理有效：村民参与的价值整合研究

石绍成 著

武汉大学出版社
WUHAN UNIVERSITY PRESS

图书在版编目(CIP)数据

通往治理有效:村民参与的价值整合研究/石绍成著.—武汉:武汉大学出版社,2022.4

ISBN 978-7-307-22941-9

Ⅰ.通… Ⅱ.石… Ⅲ.农村—群众自治—研究—中国 Ⅳ.D638

中国版本图书馆 CIP 数据核字(2022)第 033759 号

责任编辑:陈 帆　　责任校对:李孟潇　　版式设计:马 佳

出版发行:**武汉大学出版社** (430072 武昌 珞珈山)

(电子邮箱:cbs22@whu.edu.cn 网址:www.wdp.com.cn)

印刷:湖北恒泰印务有限公司

开本:720×1000 1/16　印张:12.25　字数:180 千字　插页:1

版次:2022 年 4 月第 1 版　2022 年 4 月第 1 次印刷

ISBN 978-7-307-22941-9　定价:52.00 元

序

乡村治理是一个常新的重要问题。“乡村振兴”战略的出台，要求我们充分重视村庄的“治理有效”问题。如果没有治理有效，那么乡村振兴的其他目标就难以实现。就学术研究而言，我们不能停留于表面的就事论事上，因为乡村治理这件“事”本身是不断变化的。因此，我们需要去探讨现象背后更深层、更稳定的理论问题。这也是建设中国特色哲学社会科学的内在要求。

石绍成是我指导过的硕士研究生，他博士阶段求学于南开大学。本书的初稿曾经获得“湖北省优秀硕士论文奖”。我的学术团队长期耕耘于乡村治理领域，并致力于从理论层面对中国农村问题作出解释。团队在国内较早地展开过“民主与效率关系”问题的理论与实证研究，相关研究成果曾获“湖北省社会科学优秀成果奖二等奖”。该理论视角对于研究乡村振兴中的“治理有效”问题仍然具有参考价值。基于这些原因，石绍成这次对原文进行了大量补充、修订，让这项研究有了新的推进。

“治理”是一个在学界流行多年的概念，然而其中国特性仍然有待进一步探究。在当代中国，“治理现代化”与“现代国家建设”是党和政府开展治国理政实践的基本背景，这使中国语境中的治理天然具有它们的烙印。“治理有效”的提出显然受到上述双重力量的作用，这可以简单表述为：在建成现代国家的总体目标下，现代化的村庄治理不可或缺。在这种情况下，选择什么样的研究对象与学术概念来研究“治理有效”，就成了这项工作的关键所在。

“村民参与”是连接国家与村庄的重要通道，将其作为研究对象有助于兼及上述宏大问题，再加上这种行为可观察、易测量，因此，本书选择村民参与作为研究对象是比较可取的。“村民自治”是开展村庄治理的制度基础，实现“人民当家作主”的民主价值是其初衷与使命。“有效”治理的提出并非不要民主，而是要实现更高质量的民主。因此，本书选择“治理民主”作为核心概念来展开研究是较为恰当的。“治理民主”是中国学人提出的概念，本书试图利用该概念建立起超越既有西方治理话语的叙事，对于青年学者而言，这种勇气值得鼓励。

遵循上述思路，本书提出了“在村民参与中，民主与效率如何实现整合”的学术问题。在作相关文献综述的基础上，本书运用治理民主概念建立起了该问题的分析框架，并就村民参与中民主与效率的关系提出了相关假设。本书建立了村民参与中民主与效率变量的指标测量体系，并运用乾村的调查数据对相关假设进行了验证。根据回归分析的结果，村民参与中的民主与效率呈相互促进关系。这为建设村庄的治理民主，实现其治理有效提供了科学支持。

石绍成在本书的修订中对村民参与中“民主与效率为何相互促进”问题作出了更精练、更深层次的理论回答。这使得本书的研究深度有所增加，当然也变得更加具有挑战性。本书将国内学界提出的“可治理的民主”概念运用到了实证研究中，并将其作为揭示“民主与效率为何相互促进”的因果机制。这些年，“因果机制”在社会学科研究中已经逐渐成为风潮。本书运用“比较历史分析”的方法，对乾村村庄治理的三个案例进行了研究。这些案例的时间跨度大、细节描述具体，增加了本书的趣味性与可读性。从客观条件上看，时间变动与多个案例的存在为本项研究提供了可供比较的“控制组”，从而提供了进行“自然实验”的可能，这将有效提升论证的说服力。

石绍成在与我交流时，谈起过本书修改时遇到的一些难点。其中一些暂时还没有攻克的难题，让他感到惆怅与难安。实际上，科学研究是一个不断进步的过程，只要心怀理想、不断思考、不断行动，就会最终获得进步。或许这些努力将最终为人类的知识宝库作出应有的增量贡献。这是学术的理想状态，当然也当作我对他的鼓励与期许。

是为序。

吴春梅

2022 年 1 月 20 日

目　录

第一章　导　　论

“治理有效”是乡村振兴的重要内容，也是乡村振兴的能力基础。本书试图以村民参与为抓手，探讨治理有效如何可能。在学术上，该问题的核心可以进一步明确为：民主参与是否可以促进治理效率提升？民主参与如何促进治理效率提升？学界已有研究为回答这些问题奠定了理论基础，本书将用定量与定性相结合的方法对它们作出解答。

第一节　研究问题

一、问题提出

“乡村振兴”是中共十九大报告提出的宏大战略，其中提到，乡村振兴战略的总要求是“产业兴旺、生态宜居、乡风文明、治理有效、生活富裕”。2018 年 9 月，中共中央、国务院印发了《乡村振兴战略规划(2018—2022)》，其中进一步指出：“乡村振兴，治理有效是基础。”由此可见，“治理有效”问题具有极其重要的现实意义。

实际上，国家层面的治理有效一直是中国的追求。① 而通过有效治理②以提供稳定秩序，是任何社会得以发展的基础。③ 一般认为，在国家

① 杨宏星，赵鼎新. 绩效合法性与中国经济奇迹[J]. 学海，2013(3)：16-32.

② 为行文方便，本书有时会使用“有效治理”来替代“治理有效”，它们在本书中的含义一致。

③ 道格拉斯·诺思. 经济史上的结构与变革[M]. 厉以平，译. 北京：商务印书馆，2013：29-30.

诞生以后，治理的专擅者便是国家。正如恩格斯所指出的那样：

> 国家是社会发展到一定阶段上的产物……为了使这些对立面，这些经济利益互相冲突的阶级，不致在无谓的斗争中把自己和社会消灭，就需要有一种表面上凌驾于社会之上的力量，这种力量应当缓和冲突，把冲突保持在"秩序"的范围以内；这种从社会中产生但又居于社会之上并且日益同社会相异化的力量就是国家。①

随着近代国家的建立，社会治理实现了一定程度的专业化——"行政"作为一个专业领域得以产生②，并被交给政府来执行。在现代社会中，随着公共事务急剧增加，专门负责行政事务的政府亦急剧膨胀，沃尔多(Dwight Waldo)将该现象称为"行政国家"③。

20世纪80年代以后，治理变得似乎不再是国家的专擅活动。从西方国家来看，随着"新公共管理运动"的火热进行，国家开始将部分公共事务"外包"给社会或市场力量来运营。④ 在此过程中，公共部门与私营部门等形成了所谓的"伙伴关系"⑤，从而极大地改变了治理实践的格局。从学术上来看，治理意味着公共权力运行方式的改变，其中有了更多的社会参与；"政社互动"取代了政府对社会的单向宰制⑥。

需要指出的是，治理在中西方场域中具有不同的政治逻辑。治理在西方国家的出场在根本上受到了新自由主义的影响，其核心主张是压缩国家

① 家庭、私有制和国家的起源[M]. 北京：人民出版社，1999：177.

② 金东日，石绍成. 如何理解国家治理现代化——以民主行政理论为中心[J]. 中国行政管理，2015(11)：50-55.

③ 德怀特·沃尔多. 行政国家：美国公共行政的政治理论研究[M]. 颜昌武，译. 北京：中央编译出版社，2017.

④ 戴维·奥斯本，特德·盖布勒. 改革政府：企业精神如何改革着公营部门[M]. 周敦仁，等，译. 上海：上海译文出版社，1996.

⑤ 萨瓦斯. 民营化与公私部门的伙伴关系[M]. 周志忍，译. 南京：中国人民大学出版社，2002.

⑥ 徐勇. GOVERNANCE：治理的阐释[J]. 政治学研究，1997(1)：63-67.

行动的边界。① 治理在中国则体现了建构"治理民主"②的努力，其目的是完善与发展中国特色社会主义制度；也体现了其建设现代国家(modern state)的努力③，中共十八大便明确提出了推动"国家治理体系与治理能力现代化"的主张。总而言之，治理在中国场域下需要回应治理民主的需求，也需要回应现代国家建设的需求。

乡村治理体系是国家治理体系的基层部分，其性质受制于国家治理体系的整体。就此而言，治理民主与现代国家建设，是乡村治理的双重内在规定，是我们探讨乡村"治理有效"的基本前提——从中国近代开始，乡村治理便是其现代国家建构(state building)的重要组成部分。④ 毋庸讳言，在实现中华民族伟大复兴的征程中，乡村治理服从于其民主政治建设的目的，也是历史的必然。根据以上分析，有效治理实际上是村民自治的继续深化，不仅要实现形式民主，更要能够有效解决问题。⑤

治理民主是一种新型的民主范式，它试图打开民主政治与民主行政之间的藩篱，从而真正将权力交给人民。⑥ 从理论渊源来看，马克思在《法兰西内战》中曾构想过如下制度：一是行政权与立法权合一；二是公共权力通过民主选举产生。⑦ 因此，治理民主理论源于马克思主义的政治学说。在当代中国的民主实践中，治理民主的表现之一便是村民自治。村民自治

---

① Rhodes, R. A. *Understanding Governance: Policy Networks, Governance, Reflexivity and Accountability* [M]. Buckingham and Philadelphia: Open University Press, 1997.

② 学界认为，这是一种超越"自由主义的民主"的民主。参见杨光斌."国家治理体系和治理能力现代化"的世界政治意义[J]. 政治学研究，2014(2)：3-6.

③ 王绍光. 治理研究：正本清源[J]. 开放时代，2018(2)：153-176.

④ 杜赞奇. 文化、权力与国家：1900—1942年的华北农村[M]. 王福明，译. 南京：江苏人民出版社，2003.

⑤ 徐勇. 民主与治理：村民自治的伟大创造与深化探索[J]. 当代世界与社会主义，2018(4)：28-32.

⑥ 吴春梅，石绍成. 论公共参与中民主与效率的整合[J]. 理论与改革，2010(5)：90-93.

⑦ 马克思恩格斯选集：第3卷[M]. 北京：人民出版社，2012：98.

所强调的“民主选举、民主决策、民主管理、民主监督”无疑与治理民主理念完全吻合。需要指出的是，如果离开村民参与，“四个民主”就无法运行。就此而言，村民参与是中国农村建设治理民主的核心工程。

现代国家建设是一个更复杂的理论问题。一般认为，现代国家建设在基层主要体现为基层组织的科层化、合理化，及其对基层社会的有效渗透。① 其中的渗透无疑是建立在韦伯(Max Weber)所言“政治组织垄断合法暴力”②的基础上。迈克尔·曼(Micheal Mann)在国家权力研究中对“现代国家”的认识作出了新的拓展，“基础性权力即一个中央集权国家的制度能力，它或是专制的，或是非专制的……基础性权力是集体权力，一种‘贯穿’社会的‘权力’。它通过国家基础来协调社会生活”③。因此，现代国家建设实际包含了国家整合(而非强制)社会的能力，这种整合是国家与社会双向互动的过程。在当代中国农村，村民参与应是该“双向互动”的核心载体。不难理解，参与可作为国家整合社会的工具，亦可作为社会影响国家的工具。

上述分析表明，村民参与在当代农村应是建构“有效治理”的核心维度。近几年来，如何推动乡村社会有效治理已经受到学界的诸多关注。总体而言，“自治单元”的选择构成了现有研究重点④，“集体行动何以可能”成为其中的核心关切；利益相关、文化相连、地域相近等成为解答该问题的主要变量。⑤ 就此而言，“村民参与”或许提供了研究有效治理

---

① Tilly, C. *As Sociology Meets History*[M]. New York: Academic Press, 1975: 27; 杜赞奇. 文化、权力与国家：1900—1942年的华北农村[M]. 王福明，译. 南京：江苏人民出版社，2003：2.

② 马克斯·韦伯. 经济与社会：第2卷 上册[M]. 阎克文，译. 上海：上海人民出版社，2010：1044.

③ 迈克尔·曼. 社会权力的来源：第2卷 上册[M]. 陈海宏，等，译. 上海：上海人民出版社，2007：69.

④ 邓大才. 均衡行政与自治：农村基本建制单位选择逻辑[J]. 中共中央党校(国家行政学院)学报，2019(1)：35-42；项继权，王明为. 村民小组自治的实践及其限度——对广东清远村民自治下沉的调查与思考[J]. 江汉论坛，2019(3)：40-48.

⑤ 邓大才. 村民自治有效实现的条件研究——从村民自治的社会基础视角来考察[J]. 政治学研究，2014(6)：71-83.

问题的新维度。有鉴于此，本书将以村民参与为抓手来探讨有效治理如何可能。

如前所言，有效治理是中国治理的价值传统。这里将进一步追问，究竟什么是“有效”？在绩效评估中，有效是指目标的实现程度。① 我们通常追求正向效果，故而称其为“效益”(effectiveness)。如韦伯所言，理性化是现代社会的基本精神。② 因此，有效治理并不意味着要不惜一切代价地实现目标——政府财力、物力与人力也是有限的。③ 因此，“效率”(efficiency)是讨论“有效”的重要前提。需要说明的是，效率在社会治理中并不能像企业治理那般简化成一个数字，而是包含了投入、效益与投入产出比的综合性指标。④ 因此，治理有效中“有效”的完整内涵实际上就是效率。为了避免字面的误会，我们也可以将其称为“社会性效率”。⑤

一般认为，村民参与是指村民参与和影响村庄公共事务的行为，其核心是政治参与。⑥ 具体而言，村民参与在本质上属于公共参与的范畴，其指向是影响村庄公共事务，如集体物品供给、解决纠纷等⑦；该行为的核心是政治参与，其指向是村庄公共权威生产，如参与投票选举⑧。在现代

---

① Koontz, H. & H. Weihrich. *Management*(9th ed.)[M]. New York: Mcgraw-hill Inc., 1998: 58.

② 马克斯·韦伯. 新教伦理与资本主义精神[M]. 简惠美，康乐，译. 桂林：广西师范大学出版社，2010.

③ 石绍成，吴春梅. 适应性治理：政策落地如何因地制宜？——以武陵大卡村的危房改造项目为例[J]. 中国农村观察，2020(1)：44-60.

④ 周志忍. 公共性与行政效率研究[J]. 中国行政管理，2000(4)：41-45.

⑤ 吴春梅，石绍成. 民主与效率的关系：基于社会治理模式变迁的考察[J]. 江汉论坛，2013(4)：40-44.

⑥ 项继权. 中国村民的公共参与——南街、向高、方家泉三村的考察[J]. 中国农村观察，1999(2)：40-47.

⑦ 温莹莹. 非正式制度与村庄公共物品供给——T村个案研究[J]. 社会学研究，2013(1)：113-133；陶郁，刘明兴. 群众社团与农村基层冲突治理[J]. 政治学研究，2014(1)：52-61.

⑧ 孙昕，徐志刚，陶然，等. 政治信任、社会资本和村民选举参与——基于全国代表性样本调查的实证分析[J]. 社会学研究，2007(4)：165-187.

政治视域下，这些行为理所当然属于“民主”的范畴。因此，民主是村民参与的原生价值，也是村民自治的伟大创造。①

延续上述思路，本书试图探讨以下两个问题：(1)在村民参与中，民主是否会促进治理效率的提升？(2)如果可以，那么在村民参与中，民主提升治理效率的机制是什么？这两个问题实际上颇具前沿性：第一个问题涉及民主与效率的关系，学术界对此存在长期争论；第二个问题涉及当代治理理论的“科学”转型问题。② 本书将建立相关理论分析框架，并采取定量与定性相结合的方法，对这两个问题作出全面、细致的解答，深入地探究乡村治理有效的内在机理，从而为如何实现乡村治理有效提供学理依据，进而为乡村振兴提供相关决策参考。

二、研究意义

(一)理论意义

村庄禀赋是目前学界探讨“有效治理”的主要视角，本书从村民参与角度探讨有效治理的实现，为该问题的探讨提供新的研究视角。本书将运用定量与定性相结合的方法，仔细甄别村民参与促进有效治理的作用机制。在这里，通常意义上与效率相悖的民主将助推效率提升。在这种意义上，本书有助于拓展对中国特色治理民主的认识。

对公共参与中民主与效率关系的变迁进行系统的梳理，有利于厘清民主与效率之间的关系。学界认为，如果一种新的理论可以描述民主怎样穿透政治与行政的壁垒，那么政治—行政二分的消解以及效率和民主的融合均将成为可能，甚至行政学范式更替都有可能发生。③ 从行政思想史的角

① 徐勇. 民主与治理：村民自治的伟大创造与深化探索[J]. 当代世界与社会主义，2018(4)：28-32.

② 这是两个非常复杂的理论问题，本书将在后文对这两个问题进行深入分析。

③ 王诗宗. 治理理论与公共行政学范式进步[J]. 中国社会科学，2010(4)：87-100.

度看，这也正是本书所关注的核心问题。当然，这已经超出了笔者的能力范围。但由此可见，就行政理论发展的探索而言，本书研究的问题具有重要的理论价值。

对村民参与中民主与效率构成性因素的分析，有利于把握其中民主与效率的测量维度和影响因素。通过数据的统计分析，能够为公共参与中民主与效率的关系作出更为直观和科学的解释。目前，学界还较少对民主与效率关系进行实证研究，本书的研究有可能在民主与效率的实证分析上取得突破。本书将对影响村民参与中民主与效率的因素进行相关分析，这有利于更直观地反映出村民参与中民主与效率的运行规律。

（二）实践意义

治理有效是实现乡村振兴的能力基础，而有效治理离不开村民参与。在过去较长时间内，村民自治还没有能很好地发挥出其治理效果。也就是说，村民自治在很大程度上也只是在形式上赋予了农民民主权利。① 本书将致力于对村民参与中民主促进效率的机理进行研究，该机理有助于推动乡村治理有效的实现，进而有助于促进乡村振兴的实现。

从治理体系上看，村民参与的广度、深度、范围与强度等直接反映了乡村治理体系的民主程度；而村民参与的实效、投入产出比与效益等则较为全面地反映了乡村治理体系的运行效率。本书将致力于进行村民参与中民主与效率的整合研究，这能够为建设民主与高效的乡村治理体系提供理论支持。需要指出的是，民主与效率的兼容也是现代国家治理体系的重要特征。② 在这种意义上，本书研究能够对乡村治理现代化有一定的参考价值。

---

① 徐勇．民主与治理：村民自治的伟大创造与深化探索[J]．当代世界与社会主义，2018(4)：28-32.

② 任剑涛．国家建构、国家建设与行政国家[J]．暨南学报(哲学社会科学版)，2019(7)：16-29.

第二节 文献综述

本书的研究涉及政治学、公共行政学诸多经典论题。学术界在相关问题上进行了较多理论尤其是规范层面的探讨。总的来看，这些研究主要包括公共参与的方式研究、公共参与的价值研究、中国的公共参与研究、中国村民参与研究四个方面。

一、公共参与的方式研究

公共参与是公共行政学和政治学研究的重要课题。因此，学术界有关公共参与方式的研究浩如烟海，并且涌现了诸多经典命题，这里仅就代表性观点进行简述。

第一，古典模式。民主这种政治生活方式最早出现在古代希腊城邦国家。亚里士多德(Aristotle)的名言“人是政治的动物”①，说的便是城邦公民可以直接参与城邦公共生活，并就相关公共议题发表自己的观点。这种参与方式被人们称为“直接民主”。卢梭(Jean-Jacques Rousseau)对古希腊的公共商谈给予了高度赞扬，并表示出无限神往之情。② 达尔(Robert Dahl)对直接民主的条件作出了详细探讨，比如公民人数较少，并且它们在经济、社会特征上具有较高程度的同质性。③ 换言之，直接民主的适用范围是小型共同体，就其历史形态而言是“城邦国家”。随着现代民族国家的兴起，代议制民主(间接民主)登上了历史舞台，并成为现代国家民主的主导形态。密尔(John S. Mill)认为，在人口众多、国土辽阔的现代国家中，所有人亲自参加公共事务是不可能的，理想只能是代议制政府。④ 在

① 亚里士多德. 政治学[M]. 吴寿彭，译. 北京：商务印书馆，1987：7.

② 卢梭. 社会契约论[M]. 何兆武，译. 北京：商务印书馆，2008.

③ Dahl，R. A. *Democracy and Its Critics*[M]. New Haven：Yale University Press，1989：18-19.

④ 约翰·密尔. 代议制政府[M]. 汪碹，译. 北京：商务印书馆，1982：55.

间接民主中，最重要的公共参与便是投票参与，官员将由定期的民主选举产生。① 在该过程中，作为集体的人民仍然保有最终的主权②，因为官员是由“公意”产生的。

第二，当代模式。晚近的民主理论对间接民主进行了不断地批评，它们倾向于在政治体系中扩大直接民主的比重。协商民主理论认为，公共话语协商对政策的合法性起着至关重要的作用③，其中哈贝马斯(Jürgen Habermas)的理论产生了重要影响。参与民主与强势民主理论都倾向于认为，公共事务应该通过公民参与来直接决定和执行④，这在国家政治之外开辟出了民主的新领域。行政学的探索也卓有成效，当然它们的探讨总体属于“民主行政”的理论范畴。⑤ 戴维·列维坦(D. M. Levitan)是民主行政最早的倡导者之一，他认为：“一个民主国家不仅建立在民主的政治之上，还建立在民主的行政之上。”⑥文森特·奥斯特罗姆(Vincent Ostrom)则进一步将民主行政圈定在地方层面，特别是社区范围内⑦，推动了民主行政话语的扩散。当代规模庞大的“治理理论丛林”，如参与治理⑧(participatory

---

① 罗伯特·达尔. 论民主[M]. 李柏光，林猛，译. 北京：商务印书馆，1999：94.

② 约翰·密尔. 代议制政府[M]. 汪碹，译. 北京：商务印书馆，1982：43.

③ 尤根·哈贝马斯. 在事实与规范之间：关于法律和民主法治国的商谈理论[M]. 童世骏，译. 北京：生活·读书·新知三联书店，2003；约翰·罗尔斯. 万民法[M]. 张晓辉，李仁良，等，译. 长春：吉林人民出版社，2003：141；詹姆斯·博曼. 公共协商：多元主义、复杂性与民主[M]. 黄相怀，译. 北京：中央编译出版社，2006：6.

④ 卡罗尔·佩特曼. 参与和民主理论[M]. 陈尧，译. 上海：上海人民出版社，2006；Barber，B. *Strong Democracy：Participatory Politics for a New Age*[M]. Berkeley，Cali：University of California Press，1984.

⑤ 金东日，石绍成. 如何理解国家治理现代化——以民主行政理论为中心[J]. 中国行政管理，2015(11)：50-55.

⑥ Levitan，D. M. Political Ends and Administrative Means[J]. *Public Administration Review*，1943，3(4)：353-359.

⑦ Ostrom，V. *The Intellectual Crisis in American Public Administration* [M]. Tuscaloosa：The University of Alabama，1989：71.

⑧ Fung，A. & E. O. Wright. Deepening Democracy：Innovations in Powered Participatory Governance[J]. *Politics & Society*，2001，29(1)：5-41.

governance)、合作治理①(collaborative governance)、网络治理②(network governance)等理论均在治理话语下深化了民主行政，强调公民积极参与到公共事务治理中。总体而言，行政民主在当代公共生活中更受重视，已经形成了重要的学术话语体系。

二、公共参与的价值研究

(一)公共参与的价值分殊

从西方政治学来看，共和主义更偏向于民主价值，从而将效率置于较次要的位置；自由主义对效率的偏好似乎又损害了民主价值。从现实层面来说，民主与效率亦存在巨大的价值张力③，亦成为行政理论发展亟需解决的一对矛盾。④

1. 公共参与的民主价值

一般认为，公共参与是民主价值的重要实践。卢梭认为，通过参与公共事务并达成共同的契约能够使个人成为自己的主人。⑤ 在这种意义上，公共参与无疑是践行民主理念最好的方式。罗伯特·达尔也认为，有效的参与是促进民主发展的最重要因素之一。⑥ 在现代国家中，公共参与的民主价值亦被人们普遍认可。正如亨廷顿(Samuel P. Huntington)指出的那

① Ansell, C. & A. Gash. Collaborative Governance in Theory and Practice[J]. *Journal of Public Administration Research and Theory*, 2008, 18(4): 543-571.

② Provan, K. & K., Patrick. Modes of Network Governance: Structure, Management, and Effectiveness[J]. *Journal of Public Administration Research and Theory*, 2008, 18(2): 229-252.

③ 任剑涛. 国家建构、国家建设与行政国家[J]. 暨南学报(哲学社会科学版), 2019(7): 16-29.

④ Waldo, D. Development of Theory of Democratic Administration[J]. *The American Political Science Review*, 1952, 46(1): 81-103.

⑤ 卢梭. 社会契约论[M]. 何兆武, 译. 北京: 商务印书馆, 2008: 21.

⑥ 罗伯特·达尔. 论民主[M]. 李柏光, 林猛, 译. 北京: 商务印书馆, 1999: 43.

样："现代政体有别于传统政体就在于它的政治参与水平。"①需要说明的是，当代的公共参与已经不再局限于国家政治事务，而是已经扩散到了一般的公共事务中。学者们认为，为了保证公共利益、民治政府等民主价值，行政官员应该鼓励公众积极参与公共事务。②

就民主而言，这一概念则先天地被植入参与要素。简单来说，民主的原始含义是"人民"加上"权力"；在此基础上，可进一步引申出"人民主权说"与"公民理论"。③ 乔·萨托利(Giovanni Sartori)认为，人民主权是民主最重要的构成要素，"有主权者不是统治的客体，而是它的主体"④。这就意味着，每个公民"对最终的主权的行使有发言权"⑤。与此相类似，公民理论认为，"公民"概念意味着治理的主体地位、对公共事务积极参与的权利以及具有影响政治系统的能力。⑥

在社会主义制度中，公共参与的民主价值备受重视。就本书关注的村民参与而言，诸多学者在村民自治的框架下对其民主价值作出了充分的肯定。徐勇的观点具有典型性，"村民自治的发展过程，也是现代民主元素不断增多的过程"⑦。他还认为，村民自治将对中国民主化进程起示范作用，必将推动中国民主化的进程；村民自治有利于提高农民的民主素质，

---

① 塞缪尔·亨廷顿. 变化社会中的政治秩序[M]. 王冠华，刘为，等，译. 上海：上海人民出版社，2008：61.

② 特里·库珀. 行政伦理学：实现行政责任的途径[M]. 张秀琴，译. 北京：中国人民大学出版社，2001：16；Frederickson，H. G. *New Public Administration*[M]. Tuscaloosa and London：The University of Alabama Press，1980：38.

③ 道格拉斯·拉米斯. 激进民主[M]. 刘元琪，译. 北京：中国人民大学出版社，2006：14.

④ 乔·萨托利. 民主新论[M]. 冯克利，译. 北京：华夏出版社，1999：61.

⑤ 约翰·密尔. 代议制政府[M]. 汪瑄，译. 北京：商务印书馆，1982：43.

⑥ Denhardt，R. & J. Denhardt. *The New Public Service*：*Serving*，*not Steering*[M]. Armonk，NY：M. E. Sharpe，2003；盖伊·彼得斯. 政府未来的治理模式[M]. 吴爱明，等，译. 北京：中国人民大学出版社，2001：6-9.

⑦ 徐勇. 民主与治理：村民自治的伟大创造与深化探索[J]. 当代世界与社会主义，2018(4)：28-32.

有利于建立起人民主权、人民监督等民主理念。① 郑永年也认为，村民自治的发展促进了农民的阶级意识，从而在中国民主化过程中起建设性的推动作用。② 值得注意的是，彭真对村民参与的民主价值给予了充分肯定："八亿农民实行自治，自我管理，自我教育，自我服务，真正当家作主，是一件很了不起的事情，历史上从来没有过。几千年的封建社会，什么时候有过群众自治？没有。"③

2. 公共参与的效率取向

公共参与方式的选择与人类对效率取向的追求分不开。从根本而言，效率代表了人类努力将美好愿望变成现实的努力④，代表了其技术的可行性。约翰·密尔对间接民主的辩护便是："在面积和人口超过一个小市镇的社会里，除公共事务的某些极次要的部分外，所有的人亲自参加公共是不可能的。"⑤罗伯特·达尔认为："一个民主的单位中，公民人数越多，公民对政府决策的直接参与就少，他们也就越有必要把权力委托给别人。"⑥因此，制度效率是人类在选择公共参与方式时必不可少的考虑因素。当然，达尔的观点还表明，民主与效率之间存在难以克服的矛盾与张力。

在行政学发展初期，行政学界普遍排斥公共参与。古德诺(Frank J. Goodnow)认为，行政与政策的执行有关，而离政治较远，应该将行政从政治团体的影响中解脱出来。⑦ 这种观点直到20世纪80年代以后才得到改变。戴维·奥斯本(David Osborne)与特德·盖布勒(Ted Gaebler)大声疾

① 徐勇. 草根民主的崛起：价值与限度[J]. 中国社会科学季刊，2000(夏季号).

② 郑永年. 乡村民主与中国政治进程[J]. 二十一世纪，1996(6)：24-35.

③ 彭真文选[M]. 北京：人民出版社，1991：607-608.

④ 任剑涛. 国家建构、国家建设与行政国家[J]. 暨南学报(哲学社会科学版)，2019(7)：16-29.

⑤ 约翰·密尔. 代议制政府[M]. 汪瑄，译. 北京：商务印书馆，1982：55.

⑥ 罗伯特·达尔. 论民主[M]. 李柏光，李猛，译. 北京：商务印书馆，1999：118.

⑦ 古德诺. 政治与行政[M]. 王元，译. 北京：华夏出版社，1987：11-17.

呼，在公共服务提供中引入社会参与，将能够极大地提高公共服务提供效率。① 在随后席卷整个西方世界的“新公共管理运动”中，公共参与在很大程度上已经变成了一种效率工具。正如盖伊·彼得斯(B. Guy Peters)评价的那样：“根据新公共管理理论中有关政府的概念，私人部门所强调的一些价值观念——其中最值得注意的价值观点是效率——在公共部门中应该受重视。”②

中国的实践正呼唤着村民参与有高的“产出”。在乡村振兴20字方针中，“管理民主”已经被替换为“治理有效”。正如徐勇评述的那样：“民主自治的形式过于单一，并因为过分强调民主形式而忽视了有效治理，导致村民参与热情降低等。”③在这种意义上，将村民参与引入更广阔的治理领域应是更好的选择。笔者与吴春梅所做的实证研究表明，在国家政策落地过程中，引入社会力量参与其中有利于提高政策落地的准确率(因地制宜)，亦有利于提高相关项目实施的效率。④ 这就表明，村民参与能够成为有效的治理工具，能够满足乡村治理的效率需求。

(二)公共参与的价值整合

当代行政理论的发展存在一个共同的趋势，那就是试图推动民主与效率的整合。在新公共服务理论中，登哈特夫妇(R. Denhardt 和 J. Denhardt)针对新公共管理中效率过度的情况提出了新公共服务理论。⑤ 他

---

① 戴维·奥斯本，特德·盖布勒. 改革政府：企业家精神如何改革着公共部门[M]. 周敦仁，等，译. 上海：上海译文出版社，2013.

② 盖伊·彼得斯. 政府未来的治理模式[M]. 吴爱明，等，译. 北京：中国人民大学出版社，2001：35.

③ 徐勇. 民主与治理：村民自治的伟大创造与深化探索[J]. 当代世界与社会主义，2018(4)：28-32.

④ 石绍成，吴春梅. 适应性治理：政策落地如何因地制宜？——以武陵大卡村的危房改造项目为例[J]. 中国农村观察，2020(1)：44-60.

⑤ Denhardt，R. & J. Denhardt. The New Public Service：Serving Rather than Steering[J]. *Public Administration Review*，2000，60(6)：549-559.

们认为，政府的角色不在于提供顾客服务，而在于提供民主。他们对民主与效率的关系提出了深具洞识的意见："尽管诸如效率和生产积极性这样的价值观不应该被抛弃，但是它们却应被置于民主、社区和公共利益构成的更大环境中。"①公共价值管理理论认为，民主与效率并不是传统所认为的矛盾关系，它们之间是一种"事实上的伙伴关系"②。具体而言，通过对话协商能实现配置效率，而知识交流则能实现技术效率③，因此，民主与效率在公共参与中能够协调共存。

需要说明的是，在现代的治理评估中，民主、效率都是其中重要的评估指标。④ 罗伯特·帕特南(Robert D. Putnam)认为，一个高效的民主制度应该既富有回应性又富有效率。具体而言，该制度对选民的需求很敏感，同时在应用有限资源解决问题的时候富有效率。⑤ 公共参与作为民主制度的重要组成部分，效率与民主自然也会成为其重要的评估指标，因此，现实公共参与实践亦对民主与效率的整合提出了要求。

（三）民主与效率的测量

民主与效率的测量在政治学与经济学中并不鲜见，不过，对民主的测量一般侧重于政体层面的国际比较，对效率的测量则仅限于狭义的投入产出比。这些领域与本书的研究存在较大差异。⑥ 目前，适用于公共参与的

---

① Denhardt, R. & J. Denhardt. *The New Public Service: Serving, not Steering*[M]. Armonk, NY: M. E. Sharpe, 2003: 173.

② 何艳玲. "公共价值管理"：一个新的公共行政学范式[J]. 政治学研究，2009(6)：62-68.

③ Stoker, G. *Public Value Management and Network Governance: A New Resolution of the Democracy/ Efficiency Tradeoff*[R]. Manchester, UK: Institute for Political and Economic Governance, University of Manchester, 2004.

④ 俞可平. 治理与善治[M]. 北京：社会科学文献出版社，2000.

⑤ 罗伯特·帕特南. 使民主运转起来[M]. 王列，赖海榕，译. 南昌：江西人民出版社，2001：9.

⑥ 不同对象、领域的效率测量存在巨大差异，因此不能简单套用。参见周志忍. 行政效率研究的三个发展趋势[M]. 中国行政管理，2000(1)：37-40.

民主与效率测量指标并不多。

1. 公共参与的民主测量指标

总的来看，公共参与中的民主状况可以从参与的广度、深度、范围以及强度四个维度去测量。① 卡尔·科恩(Carl Cohen)认为，参与的广度可以通过参与者占应参与者的比例来衡量②；参与的深度由参与性质决定③，可以从参与形式去测定；参与范围是指参与决定或执行项目的范围，可以通过参与决定问题和执行项目的量来测量④。亨廷顿和纳尔逊(1989)认为，参与强度可以通过参与活动影响公共参与系统的程度和持续性，以及它对该系统的重要性三个维度来衡量。值得注意的是，谢利·安斯廷(Sherry R. Arnstein)的"公民参与阶梯"理论有助于参与深度的准确测量。他认为，公共参与可以分为政府操纵、宣传教育、给予信息、政策咨询、组织形成、合作伙伴关系、授予权力、公民自主控制等八种渐次不同的类型。⑤

2. 公共参与的效率测量指标

适用于公共参与的效率测量指标主要集中于公共行政学领域中。国内行政学界倾向于对效率作广义解释：效率不仅体现在时效、投入产出比上，更重要的是体现在效益上；它是数量与质量的统一，价值与功效的统一。⑥ 因此，对公共参与效率的测量可以从时效、投入产出比、效益三个方面出发。张国庆认为，时效主要包括反应时间(如倡议进入议程时长)、

① 科恩. 论民主[M]. 聂崇信，等，译. 北京：商务印书馆，1988；塞缪尔·亨廷顿，琼·纳尔逊. 难以抉择：发展中国家的政治参与[M]. 汪晓寿，等，译. 北京：华夏出版社，1989.

② 科恩. 论民主[M]. 聂崇信，等，译. 北京：商务印书馆，1988：12.

③ 科恩. 论民主[M]. 聂崇信，等，译. 北京：商务印书馆，1988：21.

④ 科恩. 论民主[M]. 聂崇信，等，译. 北京：商务印书馆，1988：27.

⑤ Arnstein，S. R. A Ladder of Citizen Participation[J]. *Journal of the American Institute of Planners*，1969，35(4)：216-224.

⑥ 周志忍. 行政效率研究的三个发展趋势[J]. 中国行政管理，2000(1)：37-40.

处理时间长度(决策、项目、个案处理)及其平均值等。① 周志忍认为，投入产出比主要包括成本与效益比值，除此之外，单位成本、平均产出时间、完成的工作量与计划的差异等都是重要的指标。② 陈振明认为，效益主要可通过现状改变程度、行为改变程度等指标来进行测量。③

三、中国的公共参与研究

学术界有关中国公共参与方式的研究成果丰硕，这些研究从不同角度揭示出了公共参与在中国场域下所具有的不同面相。具体而言，这些研究可以从制度、历史与政策工具三种不同的视角来开展。

1. 制度的视角

从制度视角来看，当前我国制度上已经建立了比较完善的公共参与渠道，为人民参与公共事务提供多元化的制度通道。具体而言，制度性的参与方式主要包括：政治投票和选举、各级人民代表大会、政协参政议政、信访制度、基层的群众自治组织及其议事制度、行政复议和行政诉讼、社会协商对话制度、大众传媒参与、社会团体参与、公民旁听制度等。④ 这些制度构成了中国特色社会主义民主政治制度的“干”与“枝”，是中国共产党所秉持“人民民主”理念的制度化与具体化。⑤

2. 历史的视角

第一，国家动员模式。孙立平等认为，国家动员下群众参与是共产党

① 张国庆. 行政管理学概论：第2版[M]. 北京：北京大学出版社，2000：369-370.

② 周志忍. 公共性与行政效率研究[J]. 中国行政管理，2000(4)：41-45.

③ 陈振明. 公共管理学：一种不同于传统行政学的研究途径：第2版[M]. 北京：中国人民大学出版社，2003：267.

④ 陈芳，陈振明. 当代中国地方治理中的公民参与——历程、现状与前景[J]. 东南学术，2008(4)：111-120.

⑤ 林尚立. 当代中国政治形态研究：第2版[M]. 天津：天津人民出版社，2017：178.

革命斗争传承下来的政治文化遗产，与国家对资源的总体性控制分不开。① 国家动员模式从中华人民共和国成立到现在，其具体形式在不断地发生着变化，至今还在发挥作用。② 在中华人民共和国成立后，国家动员更多的是依靠“权力下乡”实现的③；在当今时代，国家动员则更多的是通过利益整合实现的，其具体方式为“资源下乡”④。总体来看，这种模式已经成为学界观察国家—农民关系⑤以及国家“基础性权力”⑥的重要窗口。

第二，庇护主义模式。这种模式关注的是国家对资源的总体性控制下普通人的参与策略，其代表学者为魏德昂（Andrew G. Walder）。魏德昂认为，传统文化与现代工业制度的融合使得领导者与积极分子之间形成了一种施恩—回报的“依附与庇护关系”⑦。在庇护主义模式下，积极分子的参与行为在很大程度上是为了获得庇护，并在此基础上拓展自身生存发展的空间。比如，在传统中国乡村，地方权威的获得在很大程度上便是通过与“官府”达成庇护而获得的，⑧ 它们构成了乡村事务的积极分子。

第三，精英动员模式。这种公共参与同前两种模式的不同之处在于，这是群众基于自己的利益，自主地、有组织地动员起来，参与到地方公共

① 孙立平，晋军，何江穗，等. 动员与参与——第三部门募捐机制个案研究[M]. 杭州：浙江人民出版社，1999：77-84.

② 马明洁. 权力经营与经营式动员——一个“逼民致富”的案例分析[J]. 清华社会学评论（第1辑）. 厦门：鹭江出版社，2000；孙立平，郭于华. “软硬兼施”：正式权力非正式运作的过程分析——华北B镇定购粮收购的个案研究[J]. 清华社会学评论（第1辑）. 厦门：鹭江出版社，2000.

③ 黄宗智. 长江三角洲小农家庭与乡村发展[M]. 北京：中华书局，1992：182.

④ 折晓叶，陈婴婴. 项目制的分级运作机制和治理逻辑——对“项目进村”案例的社会学分析[J]. 中国社会科学，2011（4）：126-148.

⑤ 应星. 农户、集体与国家——国家农民关系的六十年变迁[M]. 北京：中国社会科学出版社，2014.

⑥ 迈克尔·曼. 社会权力的来源：第2卷 上册[M]. 陈海宏，等，译. 上海：上海人民出版社，2007：69.

⑦ “魏德昂”为我国大陆通用翻译，港台地区则译为“华尔德”。华尔德. 共产党社会的新传统主义[M]. 龚小夏，译. 香港：牛津大学出版社，1996.

⑧ 张静. 基层政权：乡村制度诸问题[M]. 杭州：浙江人民出版社，2000.

事务之中。比如，参与到地方公共物品的供给之中。① 用现代政治学话语来说，这是比较接近“自主治理”的一种状态。杜赞奇(Prasenjit Duara)“权力的文化网络”是精英动员如何产生的经典解释，地缘、亲缘、权威等要素的共同作用备受学界关注。② 当然，也有学者试图从“社会资本”“公民社团”等西方社会学经典理论来对这种模式作出回答。③

3. 政策工具视角

从政策工具视角来看，学者们认为随着我国社会主义市场经济的发展、公民社会的发展以及公共政策与公共管理等理论的引入，我国已经发展出了公私合作、合同承包、特许经营、自由市场、志愿服务、自我服务等参与工具。④ 这些政策工具的出现极大地提高了公共服务提供的效率。这些新型参与方式的出现见证了中国公共事务管理的进步与发展。在很大程度上，这种视角的出现使得公共参与的研究跳出了传统政治学的话语⑤：公共参与也具有工具理性的价值，它并不一定与“民主”等终极政治价值有关。

四、中国的村民参与研究

我国较具代表性的观点认为，村民参与是指村民参与和影响社区公共

---

① 温莹莹. 非正式制度与村庄公共物品供给——T村个案研究[J]. 社会学研究，2013(1)：113-133；Lily，L. T. Solidary Groups，Informal Accountability，and Local Public Goods Provision in Rural China[J]. *The American Political Science Review*，2007，101(2)：355-372.

② 杜赞奇. 文化、权力与国家：1900—1942年的华北农村[M]. 王福明，译. 南京：江苏人民出版社，2003.

③ 陶郁，刘明兴. 群众社团与农村基层冲突治理[J]. 政治学研究，2014(1)：52-61；孙昕，徐志刚，陶然，等. 政治信任、社会资本和村民选举参与——基于全国代表性样本调查的实证分析[J]. 社会学研究，2007(4)：165-187.

④ 梁莹，肖其明. 社会资本与政策执行关系之研究[J]. 东南学术，2005(5)：71-79；郭道晖. 政府治理与公民社会参与[J]. 河北法学，2006(1)：12-16.

⑤ 吴春梅，石绍成. 行政思想史视阈下的社会参与——兼议公共行政的取向之争[J]. 学术论坛，2009(5)：54-58.

事务的行为，其核心是社区政治参与。① 改革开放以后，我国基层民主进程显著加快，村民参与的积极性得到了很大提升，这对乡村治理绩效的提高至关重要。由于我国现代的公共参与起步较晚，故也存在着较多的阶段性特征与挑战，现分述如下：

(一)村民参与的样态

从民主角度来看，当代村民参与是制度植入的②，是在村民自治制度框架下展开的。需要说明的是，“制度乃是一种人类在其中发生交往的框架”③。因此，现实中的村民参与并不会是制度的“复版”。

第一，选举参与。贺雪峰与仝志辉认为，正式的组织活动与非正式的组织活动(依靠宗族、宗教、地缘等资源进行的活动)交织是中国各地村庄选举的常态。其中“戏剧化选举”吸引了选民并训练了候选人，为民主技能提高、民主精神培育、农村民主发展奠定了坚实的基础。④ 吴毅认为，在村庄公共生活中，热心于选举参与的只是村庄精英分子；对于大多数普通村民来说，他们是“无政治阶层”⑤，并不热心于村庄政治。在这种意义上，普通村民的选举投票参与受到诸多外部因素的影响，比如村经济发展水平、前任村干部的表现、选举公正程度、村庄宗族派系等人际

① 项继权. 中国村民的公共参与——南街、向高、方家泉三村的考察[J]. 中国农村观察，1998(2)：40-47.

② 徐勇. 民主与治理：村民自治的伟大创造与深化探索[J]. 当代世界与社会主义，2018(4)：28-32.

③ 道格拉斯·诺思. 制度、制度变迁与经济绩效[M]. 杭行，译. 上海：上海人民出版社，2008：4-5.

④ 贺雪峰，仝志辉. 民主如何进入乡村社会[J]. 社会科学研究，2000(2)：19-24.

⑤ 吴毅. 村治中的政治人——一个村庄村民公共参与和公共意识的分析[J]. 战略与管理，1998(1)：96-102.

关系。①

第二，公共事务参与。一般而言，公共事务参与的积极分子也是村庄精英。② 近年来，“富人治村”现象颇受学界关注，这种现象在东部地区亦属多见。③ 自身经济条件优越并且热心于公共事务的人，往往容易在村庄公共事务中发挥重要作用。④ 陶传进、陶郁与刘明兴认为，志愿组织、群众社团等“自组织”的主体能够推动村庄纠纷等公共事务的解决，亦有助于推动村民自治制度的良性运行——使其免于参与不足的窘境。⑤ 在此基础上，制度得以进入学界视野，并受到越来越多的关注。⑥ 温莹莹认为，民间信仰、宗族及宗族仪式、道德观念、民间风俗和社会习惯等非正式制度能有效地促进村庄公共物品供给。⑦ 张志原、刘贤春与王亚华的研究则表明，在富人治村的情况下，“作为非正式制度的宗族网络规模并不能影响富人治村的治理绩效，但正式的基层民主制度可以显著提升村庄的公共物品供给水平”⑧。

---

① 贺雪峰. 论半熟人社会——理解村委会选举的一个视角[J]. 政治学研究，2000(3)：61-69；孙昕，徐志刚，陶然，等. 政治信任、社会资本和村民选举参与——基于全国代表性样本调查的实证分析[J]. 社会学研究，2007(4)：165-187.

② 吴毅. 村治中的政治人——一个村庄村民公共参与和公共意识的分析[J]. 战略与管理，1998(1)：96-102.

③ 仇叶. 富人治村的类型与基层民主实践机制研究[J]. 中国农村观察，2017(1)：52-66；陈柏峰. 富人治村的类型与机制研究[J]. 北京社会科学，2016(9)：4-12.

④ 朱侃，郭小聪，宁超. 新乡贤公共服务供给行为的触发机制——基于湖南省石羊塘镇的扎根理论研究[J]. 公共管理学报，2020(1)：70-83.

⑤ 陶传进. 草根志愿组织与村民自治困境的破解：从村庄社会的双层结构中看问题[J]. 社会学研究，2007(5)：133-147；陶郁，刘明兴. 群众社团与农村基层冲突治理[J]. 政治学研究，2014(1)：52-61.

⑥ 狄金华，钟涨宝. 从主体到规则的转向——中国传统农村的基层治理研究[J]. 社会学研究，2014(5)：73-97.

⑦ 温莹莹. 非正式制度与村庄公共物品供给——T村个案研究[J]. 社会学研究，2013(1)：113-133.

⑧ 张志原，刘贤春，王亚华. 富人治村、制度约束与公共物品供给——以农田水利灌溉为例[J]. 中国农村观察，2019(1)：66-80.

(二)村民参与的挑战

中国村民参与的运行亦遇到不少困难，学术界对此作出了较为详尽的研究。这些研究的视角主要包括社会基础、制度基础以及政府影响等方面。

第一，社会基础薄弱。当代中国正处传统向现代的转型期，在此过程中，大部分地区的传统，包括宗族、民间信仰与传统节日等正不可避免地衰落，人际关系理性化问题凸显。① 在此基础上，有学者认为，中国农民缺乏公民意识、参政议政能力；乡村治理的社会资本欠缺，村民缺乏对公共事务的热心，难以建立基于信任、互惠基础上的集体行动网络。② 也有学者认为，农村集体经济实力欠缺，使得自治组织失去了对村民的向心力，经济发达地区的村民参与积极性明显比落后地区高。③ 另外，值得注意的是，农民大规模流动导致的“空心村”更是从根本上侵蚀着村民参与的主体基础。

第二，制度不够完善。由于现行法律弹性较大，为各地的实施留下了许多活动空间，各地所采取的措施不一样，直接影响村民自治的运作。④ 陈振明、何包钢等学者认为，虽然当前农村已经实现了民主选举，但是公共事务的民主管理、民主决策和民主监督仍然很难实现，这有赖于制度的

---

① 阮新邦. 批判诠释与知识重建[M]. 北京：社会科学文献出版社，1999：82；贺雪峰. 乡村治理的社会基础：转型期乡村社会性质研究[M]. 北京：中国社会科学出版社，2003：39-40.

② 梁莹，肖其明. 社会资本与政策执行关系之研究[J]. 东南学术，2005(5)：71-79；戴烽. 家文化视角下的公共参与[J]. 广西社会科学，2008(4)：198-201.

③ 项继权. 中国村民的公共参与——南街、向高、方家泉三村的考察[J]. 中国农村观察，1999(2)：40-47；宋桂兰，冯勋明. 制约村民自治有效运作的因素分析[J]. 当代世界与社会主义，2002(3)：55-57；陈利军. 论村民自治进程中主体公共参与的实现[J]. 求索，2007(11)：75-76.

④ 宋桂兰，冯勋明. 制约村民自治有效运作的因素分析[J]. 当代世界与社会主义，2002(3)：55-57.

进一步完善。① 近年来，村干部腐败已经成为当今中国日益突出的农村问题。② 这就表明，相关制度仍然有待进一步完善，从而为村民参与提供切实可行的制度框架。

第三，政府“左右为难”。在农村税费改革后，国家大规模运用“项目制”实施农村反哺。③ 其中，项目决策不需村民参与④，项目落地则诱致村级组织“行政化”⑤。这就表明，政府“一不小心”便会影响村民参与，即使政府完完全全是为农村利益着想。从理论上来看，这是因为政府主导与村民自治两者之间存在较强张力，乡村民主容易受到行政权力的影响。⑥ 在这种意义上，政府需要进一步明确行政管理权与村民自治权之间的界限；当前村民自治制度尚难以为农民基本权益提供保障。⑦

五、文献评述

公共参与是政治学相关学科中一个历久弥新的课题，而民主与效率关系在公共行政学中也是一个经典命题。许多思想家、理论家在其中留下了不朽的思想和理论。因此，本书的研究是一项颇富挑战的任务。需要说明的是，已有的民主与效率关系的研究大多是规范性研究，还仅仅停留在纯

---

① 陈芳，陈振明. 当代中国地方治理中的公民参与——历程、现状与前景[J]. 东南学术，2008(4)：111-120；何包钢，王春光. 中国乡村协商民主：个案研究[J]. 社会学研究，2007(3)：56-73.

② 赵秀玲. 村干部腐败的社会文化因素探析[J]. 东岳论丛，2016(7)：120-125.

③ 渠敬东. 项目制：一种新的国家治理体制[J]. 中国社会科学，2012(5)：113-130.

④ 折晓叶，陈婴婴. 项目制的分级运作机制和治理逻辑——对“项目进村”案例的社会学分析[J]. 中国社会科学，2011(4)：126-148.

⑤ 贺雪峰. 行政还是自治：村级治理向何处去[J]. 华中农业大学学报(社会科学版)，2019(6)：1-5.

⑥ 项继权. 中国村民的公共参与——南街、向高、方家泉三村的考察[J]. 中国农村观察，1999(2)：40-47.

⑦ 何包钢，王春光. 中国乡村协商民主：个案研究[J]. 社会学研究，2007(3)：56-73；王春英. 公共参与的基层实践：农民自治组织的培育及其发展困境[J]. 四川行政学院学报，2009(1)：5-8.

理论层面的探讨。本书试图在此基础上，对公共参与中的民主与效率关系进行实证研究。

随着乡村振兴战略的出台，“治理有效”问题受到了学界关注。本书试图以村民参与为抓手来研究该问题。在很大程度上，村民参与的民主内涵在学界得到肯定，“治理有效”则对其提出了效率方面的要求。在这种意义上，揭示其中民主与效率关系的实然关系成为亟待解决的问题。目前，有关村民参与中民主与效率关系问题分析的文献还比较少。因此，对村民参与中民主与效率问题进行研究有着较大创新的可能性。

民主与效率问题既是公共行政学中的一个核心问题，也是当代中国乡村治理实践亟需解答的重要问题。在公共行政学范畴内，新公共服务理论、公共价值管理理论均对民主与效率整合作了研究。然而，这些理论的中国适用性还有待得到进一步检验。在这种意义上，本书试图运用“治理民主”概念，建构新的民主与效率关系模型，从而进一步推动该项研究的本土化进程。另外，本书将力图推动这项研究下沉到“机制”层面，提高相关理论命题的可验证性，从而提高研究的科学性。

第三节　研究设计

一、研究思路

(一)基本思路

本书通过分析公共参与范式的历史转型，探讨民主与效率在新的历史条件下的走向，指出民主与效率整合的未来趋势，探讨新公共服务理论对公共参与中民主与效率所作的系统整合。在此基础上，结合公共价值管理理论对民主与效率关系的补充，以及乡村振兴中“治理有效”的总体要求，指出我国需要发展“治理民主”这种新范式，并在其中推动民主与效率的整合。

本书建构治理民主的理论分析框架，探讨村民参与中民主与效率的关系，以及民主与效率整合的生成机制。在此基础上，构建民主与效率的关系模型并提出相关研究假说，并设计测量民主与效率的指标体系。根据指标设计调查问卷并开展相应的实证研究，通过数据统计分析揭示村民参与中民主与效率的现状与问题，并分析村民参与中民主与效率的作用机理。然后，通过典型个案的比较历史分析，对民主与效率如何整合作进一步分析，探讨其中的因果机制，并就相关条件限制作出探讨。最后，在实证研究基础上，提出村民参与中民主与效率整合的路径选择，以促进乡村有效治理(见图 1-1)。

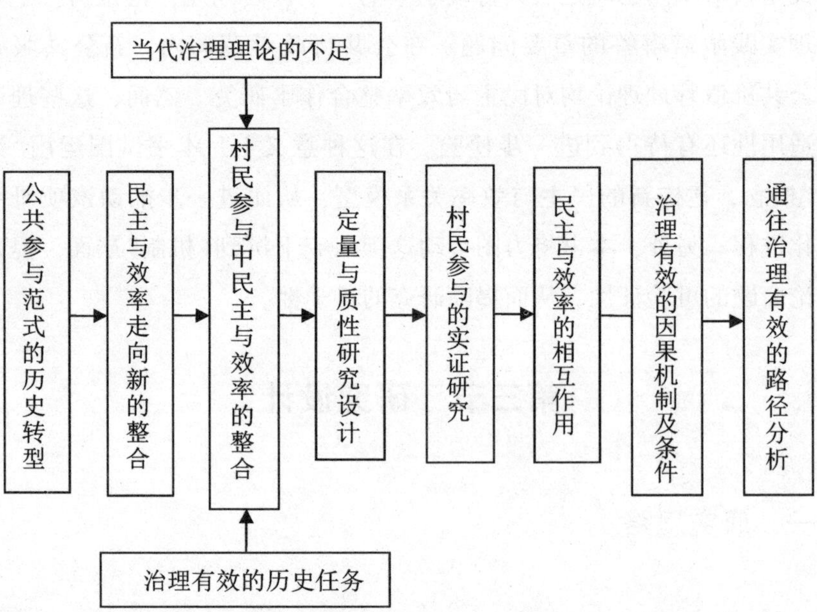

图 1-1　本书的技术路线图

(二)内容安排

第一部分：导论。即第一章，包括研究背景、研究目的、研究意义、文献综述、研究设计、核心概念界定以及相关理论基础。

第二部分：理论分析部分。第二章，公共参与的价值整合，指出民主与效率的整合是公共参与范式转型的关键，“治理有效”要求更高质量的民主——治理民主，该范式建立在民主与效率整合的基础上。第三章，理论模型与实证设计：在定量研究方面，提出研究假设并建立分析框架，使用量化分析方法进行因子分析，以及检验量表的信度与效度；在质性研究方面，引入比较历史分析方法以探讨治理民主的运行机制与条件，并就相关案例作简要说明。

第三部分：实证研究部分。第四章，村民参与中的民主与效率：基于乾村的量化分析，主要是验证民主与效率的关系。具体包括村民参与的民主与效率状况，村民参与中民主与效率的问题及其成因，村民参与中效率构成要素对民主影响的回归分析，村民参与中民主构成要素对效率影响的回归分析等内容。第五章，治理民主的逻辑：乾村村治的比较历史分析，具体呈现乾村“自来水”“水电站”“山林保护”的历史变迁，并通过比较分析方法来揭示治理民主的运行逻辑及其有效条件。

第四部分：结论。第六章，通往有效治理的路径分析。主要包括目标设置、实践基础、基本原则与保障机制等内容。

二、研究方法

本书主要采用规范研究与实证研究相结合的方法。具体如下：

1. 规范研究

通过查阅相关文献，梳理国内外相关研究成果、研究前沿与研究动态；在借鉴已有研究成果的基础上，厘清研究思路，确定理论分析框架。

2. 实证研究

拟选取在村民参与上具有典型性的湘西乾村为样本村。通过民主与效率的可操作化来完成指标体系的设计，并完成相应的调查问卷。拟采用随机抽样的方法在该村发放调查问卷250份，基本覆盖村中所有的自然村与家族；采用“口述史”方法收集资料，以深度呈现乾村公共生活的历史变迁。

通过将调查收集的信息进行量化处理，以实现对本书所探讨问题提供数据验证的目的。本书使用SPSS17.0进行数据分析，主要用到的统计方法有描述性分析、相关分析和回归分析等，目的是弄清乾村的民主与效率现状、民主与效率在村民参与中的相互关系与作用等。

立足于乾村的口述史资料，本书将通过对乾村典型治理事项的“深度描写”①来呈现治理民主的运行机制，同时展现出该机制的作用边界，从而更加令人信服地证明“治理民主有助于有效治理”这一观点。

三、核心概念

1. 公共参与

本书是在治理的意义上使用“公共参与”一词，这一概念指涉的范围并不包括国家政治、政党政治等政治活动的核心范畴。公共参与，是指公民对国家或地方公共事务的直接参与，它既包括公民参与或试图影响公共事务决策，也包括公民对公共事务执行等全过程的参与行为。公共参与同政治参与既有相同之处，也存在差别：相同之处在于，它们都包括了公民对决策的参与或者其他试图影响决策的行为；其差别在于，公共参与并不指向国家政治，它还包括公共事务执行中的参与。

2. 村民参与

项继权认为，村民参与是指村民参与和影响村庄公共事务的行为，其核心是政治参与。② 这一界定基本上包含了村民参与的基本内涵，不过尚有待澄清之处。第一，村民参与包括了对村庄公共事务全过程的参与；第二，在这些行为之中，处于核心地位的是选举参与，即政治参与。在此基础上，本书认为，村民参与是指村民对本行政村范围内公共事务全过程的参与行为，并且包括了试图影响村庄公共事务的行为。

3. 民主

① 克利福德·格尔茨. 地方性知识——阐释人类学论文集[M]. 王海龙，等，译. 北京：中央编译出版社，2000.

② 项继权. 中国村民的公共参与——南街、向高、方家泉三村的考察[J]. 中国农村观察，1998(2)：40-47.

有关民主的定义非常之多，不过却难有统一的定义。奥威尔有一句名言："民主一类词语不仅没有公认的定义，甚至建立这种定义的努力也遭到各方的抵抗。"①当然，本书主要在治理的意义上对民主进行研究，故此，本书偏向于共和主义的基本观点，即强调直接参与的工具与规范价值。另外，由于本书要对民主进行社会测量，所以这里将给出它的操作定义。其操作性定义是，公民在直接参与公共事务过程中所具有的参与广度、深度、范围与强度的总和。

4. 效率

本书对效率的定义倾向于"社会性效率"(social efficiency)的方向，而不是"机械效率"(technical efficiency)。也就是说，本书将把公共性放入效率中予以衡量，因而采用广义上的效率概念。具体而言，本书将不仅关注能够量化的内容，也将关注那些投入和产出并不能用货币衡量的内容。参照周志忍的定义②，这里将给出效率的操作定义。其操作性定义是，在村庄治理中相关行动所消耗的时间、投入产出比及其效益的总和。

5. 治理

治理是20世纪90年代开始流行的概念，"治理理论始于认识到公共行政的主体已经超出了多层级的政府机构，而延伸至社区、志愿部门和私人部门，这些部门在公共服务及项目实施中所扮演的角色是治理视角关注的重要领域"③。学者们对治理下的定义不尽相同，甚至还存在较大分歧④，但是依然存在共同的倾向性意见：与统治相异，治理理论更加注重多元参

① 乔·萨托利. 民主新论[M]. 冯克利，译. 北京：东方出版社，1997：4.

② 周志忍. 行政效率研究的三个发展趋势[J]. 中国行政管理，2000(1)：37-40；吴春梅，石绍成. 民主与效率的关系：基于社会治理模式变迁的考察[J]. 江汉论坛，2013(4)：40-44.

③ 杰瑞·斯托克. 地方治理研究：范式、理论与启示[J]. 浙江大学学报(人文社会科学版)，2007(3)：5-15.

④ 比如在罗茨(R. Rhodes)看来，治理就有六种不同的定义。参见俞可平. 治理与善治[M]. 北京：社会科学文献出版社，2000：88-96.

与、民主与合作。本书认为，治理指的是“为了实现和增进公共利益，政府部门和非政府部门(私营部门、第三部门或公民个人)等众多的公共行动主体彼此合作，在相互依存的环境中分享公共权力，共同管理公共事务的过程”。①

四、理论基础

1. 共和主义理论

共和主义理论根源于直接民主实践，它的基本信念在于，民主即意味着人民权力的统治。从历史的进程来看，直接民主作为一种政体形式，仅在古代雅典和近代的意大利城邦出现过。在古代的大部分时间里，君主专制是最常见的政体形式；在现代民族国家之中，主流的政体形式则是代议民主。不过，20 世纪后，共和主义的思潮开始复兴，并出现了参与民主、协商民主、强势民主与激进民主等理论范式。在“人民统治”的初始定义下，共和主义民主在当代的基本主张主要集中在以下几个方面：第一，主张公民对公共事务决策的直接参与；第二，主张公民对政策执行过程的直接参与；第三，强调公共价值和公共之善，强调个人对社群(或共同体)的义务。我国村民自治的民主形式正是采取的直接民主，《中华人民共和国村民委员会组织法》规定：“村民委员会是村民自我管理、自我教育、自我服务的基层群众性自治组织”，这是对该民主形式的良好诠释。因此，从直接民主的思想源流——共和主义理论出发，能够为本书提供一系列思想与理论支持。

2. 民主行政理论

在“行政国家”现象出现之后，民主行政在公共行政学中得到了快速发展。民主行政理论在公共治理方面提出了一系列主张，其中核心包括如下几项：第一，反对“价值中立”的治理观念，它认为公共治理需要关注开

① 陈振明. 公共管理学：一种不同于传统行政学的研究途径：第 2 版[M]. 北京：中国人民大学出版社，2003：87.

放、回应、责任等民主价值，以及公正、公平、正义等伦理要求；第二，反对“机械效率”，倡导“社会性效率”，它认为仅有机械效率是不够的，公共治理应该实现社会利益或公共利益的增效。民主行政对治理的基本价值取向的研究、对公共参与价值结构的丰富有重要的借鉴作用；它对社会性效率的强调也构成了本书对效率的定义的基本出发点。

3. 治理理论

治理理论的谱系非常庞杂，从罗茨给出治理的六种定义可见一斑。基于上文对“治理”概念的身份标识——多元治理主体、治理网络、合作伙伴关系、权力分享等的认识，本书将新公共管理后出现的新公共服务、整体性治理与公共价值管理等理论都归于治理理论之下。① 治理理论的基本主张主要如下：第一，治理的主体是多元的，治理主体之间是一种伙伴关系。这种观点可能比“参与”的概念还要更进一步，因为“参与”还隐含着“主客”关系。这使得民主价值在治理理论中得到了更大的推崇。第二，公共参与中的效率与民主需要整合。新公共服务理论在这方面实现了突破，并对公共参与中的民主与效率关系进行了系统整合。② 第三，民主与效率关系需要重新定位。新公共服务为民主与效率提供了目的—工具的规范性框架，而公共价值管理则更进一步，提出了“事实上的伙伴关系”的双向性、动态框架。综上可见，不论是公共参与中民主与效率的整合，还是民主与效率的关系分析，治理理论都为本书提供了较为充分的理论支持。

① 具体可以参见王诗宗的论述。王诗宗．治理理论与公共行政范式进步[J]．中国社会科学，2010(4)：87-100.

② 吴春梅，石绍成．论公共参与中民主与效率的整合[J]．理论与改革，2010(5)：90-93.

第二章　公共参与的价值整合

公共参与是一个历史范畴，它在历史上呈现出三次范式变迁。它们分别是直接民主、间接民主与行政民主。公共参与范式变迁以民主与效率内在张力的平衡为根本逻辑。总体而言，行政民主是一项“未竟事业”。新公共服务、公共价值管理等理论在规范层面对民主与效率进行了规范设计。随着中国村民自治实践的深入，建构“治理民主”成为重要的时代命题，需要对村民参与的价值整合进行科学设计。

第一节　公共参与的历史演进

一、直接民主范式

直接民主范式最早出现于古希腊及罗马城邦中，它标志着民主作为人类政治活动的组织方式得以建立。在共和主义看来，直接民主是一种理想的民主，因为直接民主体现了“自己做主”的民主理想。其中每个公民①都有权利在公共事务决策中发表自己的观点，而不用去求之于人。在近代历史上，卢梭曾对古雅典民主给予了无上褒扬。②

直接民主是作为城邦政治的组织形式出现的，用现代概念来说，其中的城邦实际上就是国家。因此，古希腊在人类历史上最早缔造了民主政

① “公民”是一个法律概念，它并不等同于所有人。

② 卢梭. 社会契约论[M]. 何兆武，译. 北京：商务印书馆，2008.

治。需要说明的是，古希腊民主是相当狭隘的，其中的公民身份并不具有普遍性。大量的奴隶被排斥在公民之外，他们被残忍地视为公民的"私人财产"①，"人是天生的政治动物"中的"人"并不包括他们。因此，古希腊民主并不是卢梭想象中的那般浪漫。正如乔·萨拜因(George H. Sabine)所说的那样：古希腊民主在很大程度上是"一种政治神话"②。

一般而言，直接民主适用的条件是"小国寡民"，即小型的共同体。从理论上来看，在小型共同体内比较容易实现民主与效率的协调平衡。其中的成员具有高度的同质性、利益相关性，这为个体的参与积极性提供了保障；也保证了共同体中参与的共识导向而非撕裂导向；有限的成员数量则使得公共协商不会花费太多时间。这些情况均能赋予直接民主现实可行性。

汉娜·阿伦特(Hannah Arendt)曾对古雅典的政治文化作过如下评价：古雅典公民视参与城邦事务为"人"基本标志，而为生活劳作所累是不配用"人"这一字眼的。③ 由此可见，小型共同体容易形成同质的政治文化，这有利于公共参与的进一步增强。Robert A Dahl 则进一步指出，古雅典公民人数比较少，最多时也不过四五万，他们之间的大体利益一致，同时还具有较大的同质性，在财产、种族等方面大体一致。④ 从古雅典的实践来看，其中的公共参与能实现民主与效率的协调兼容。

这里将从经验层面对古雅典民主进行分析，以呈现其运行机理。古雅典的最高权力机构是"公民大会"，每个年过 20 岁的雅典公民均可参加，公民大会每年定期举行 10 次会议。公民大会是古雅典的立法机构，其通过

---

① 亚里士多德. 政治学[M]. 颜一，秦典华，译. 北京：中国人民大学出版社，2003：7.

② 乔·萨拜因. 政治学说史：上卷[M]. 邓正来，译. 北京：上海人民出版社，2008：34.

③ 汉娜·阿伦特. 人的条件[M]. 竺乾威，译. 上海：上海人民出版社，1999：81.

④ Dahl，R. A. *Democracy and Its Critics*[M]. New Haven：Yale University Press，1989：18-19.

的法令相当于现代的法规。① 在雅典直接民主制的全盛时期，公民大会的常设机构为“五百人议事会”②，由雅典的10个部落各选出50个人组成③。但是让500个人来处理政务，人数还是太多了。④ 于是古雅典人采取了以下办法：(1)在“五百人议事会”中设立“常务委员会”，该委员会以议事会的名义控制、处理政务；⑤ (2)常务委员会由10个部落的成员轮流担任，每个部落掌权的时间约36天(1年的1/10时间)；⑥ (3)这50人组成的“常务委员会”用抽签方式选出1名主席，主席的任期为1天，且不得重复任职。⑦ 值得注意的是，“五百人议事会”实际上是古雅典的中央政府。⑧

从上述材料可见，古雅典的确将民主做到了“极致”。其中诸多防止专权的措施是现代人也无法想象的。在修昔底德看来，这种极致的民主正是古雅典在伯罗奔尼撒战争中失败的重要原因——有知识有能力的人难以“尽其才能”，而共同体内部的纷争亦难以有效弥合。⑨ 当然，这不是本书重点关注的问题。就本书所关心的问题而论，古雅典的民主显然考虑了效率问题。切不可在古雅典辉煌的伦理学、哲学成就之外忽视这一点。

---

① 乔·萨拜因. 政治学说史：上卷[M]. 邓正来，译. 北京：上海人民出版社，2008：34.

② 董建萍. 西方政治制度史简编[M]. 北京：东方出版社，1995：25.

③ 田穗生，高秉雄，吴卫生，等. 中外代议制度比较[M]. 北京：商务印书馆，2000：26.

④ 乔·萨拜因. 政治学说史：上卷[M]. 邓正来，译. 北京：上海人民出版社，2008：36.

⑤ 乔·萨拜因. 政治学说史：上卷[M]. 邓正来，译. 北京：上海人民出版社，2008：36；田穗生，高秉雄，吴卫生，等. 中外代议制度比较[M]. 北京：商务印书馆，2000：26.

⑥ 乔·萨拜因. 政治学说史：上卷[M]. 邓正来，译. 北京：上海人民出版社，2008：36.

⑦ 乔·萨拜因. 政治学说史：上卷[M]. 邓正来，译. 北京：上海人民出版社，2008：36.

⑧ 乔·萨拜因. 政治学说史：上卷[M]. 邓正来，译. 北京：上海人民出版社，2008：36.

⑨ 乔·萨拜因. 政治学说史：上卷[M]. 邓正来，译. 北京：上海人民出版社，2008：44.

随着现代社会的到来，直接民主在民族国家层面已经失去其可能性。第一，社会领域分化影响了公民的参与积极性。阿伦特曾指出，社会对公共领域的征服是现代最重要的事件之一，现代社会已经变成“以一种维持生计所需的活动为中心”的社会。① 在现代社会中，热心公共事务的人并不多，要让所有公民都去参加公共事务并不可能。第二，民族国家侵蚀了直接民主的效率可能性。正如上文所言，参与规模是影响直接参与效率的重要因素。而现代民族国家大多是大型的共同体，人数众多、疆域广大、国事复杂多样，在国家层面已经不具备直接参与的技术可行性。

二、间接民主范式

间接民主也称代议制民主，是现代国家主流的公共参与范式。也许在现代人看来，当公民按法律规定有权利参与投票，以定期更换施政官员才是真正的民主，熊彼特(Joseph A. Schumpeter)、李普赛特(Seymour M. Lipset)等是这类观点的代表人物。② 的确，在现代人的思维里，人们大概不会认为民主便是直接参与国家决策，这与古雅典的政治文化存在显著区别。

在现代民族国家中，间接民主在国家层面能较好地兼顾民主与效率。从效率方面看，在大型民主共同体中，间接民主显示出了较直接民主优秀得多的效率可得性。密尔认为，在面积和人口超过一个小市镇的社会里要所有的人亲自参加公共事务是不可能的，因此理想的类型只能是代议制政府。③ 达尔也认为，“一个民主的单位中，公民人数越多，公民对政府决策的直接参与就越少，他们就越有必要把权力委托给别人”④。从民主方面

① 汉娜·阿伦特. 人的条件[M]. 竺乾威，译. 上海：上海人民出版社，1999：35.

② 约瑟夫·熊彼特. 资本主义、社会主义与民主[M]. 吴良键，译. 北京：商务印书馆，1999：395-396；利普塞特. 政治人：政治的社会基础[M]. 刘钢敏，等，译. 北京：商务印书馆，1993：29.

③ 约翰·密尔. 代议制政府[M]. 汪碹，译. 北京：商务印书馆，1982：43.

④ 罗伯特·达尔. 论民主[M]. 李柏光，林猛，译. 北京：商务印书馆，1999：118.

看，它在社会生活呈现出“去政治化”的背景下，通过赋予公民选举权以实现对施政者的“轮换”，促使施政的人勤勉为公，从而彰显了公共参与的民主性。

需要说明的是，间接民主最早是资产阶级革命的产物，其“民主”性是相对封建“专制”而言的，因此是有限的，国家政权并不能真正代表绝大多数人的利益。正如马克思、恩格斯所说的那样：“现代的国家政权不过是管理整个资产阶级的公共事务的委员会罢了。”①无产阶级则在资产阶级的统治下境况每况愈下。“现代的工人却相反，他们并不是随着工业的进步而上升，而是越来越降到生存条件以下。”②因此，“工人革命的第一步就是使无产阶级上升为统治阶级，争得民主”③。这种革命“是绝大多数人的、为绝大多数人谋利益的独立运动”④，其民主形态优于资产阶级民主。

从本书关注的问题来看，间接民主潜存民主与效率二律背反的问题。乔·萨托利认为，代议制民主的效率是通过限制参与人数来实现的，而这种限制的合理性难以从民主的词义中得来。⑤ 在这种意义上，直接民主显示出了其在民主“价值”上的优越性。正如达尔指出的那样：“如果我们建立一个民主的统治体制，是希望它能够为公民参与政治决策提供最大的机会。”⑥因此，代议制民主有可能沦为“虚假民主”。而这也正是马克思、恩格斯对资本主义民主之“要害”的批判所在。

在代议制民主下，公民参与的范围也是有限的，这也同样难以保障民主。由于是“间接民主”，人们实现自己利益的方式往往只能是政治投票，借以选出能够代表自己利益的人。文森特·奥斯特罗姆对此曾作出如下评论：“投票是一根十分纤细的线，几乎不能使我们相信通过选举代表实现

① 共产党宣言[M]. 北京：人民出版社，1997：29.

② 共产党宣言[M]. 北京：人民出版社，1997：39.

③ 共产党宣言[M]. 北京：人民出版社，1997：48.

④ 共产党宣言[M]. 北京：人民出版社，1997：39.

⑤ 乔·萨托利. 民主新论[M]. 冯克利，译. 北京：华夏出版社，1999：33.

⑥ 罗伯特·达尔. 论民主[M]. 李柏光，林猛，译. 北京：商务印书馆，1999：119.

人民统治。”①如果人民无法就国家重要决策发表意见，那么他们的利益将如何得到体现，更何谈得到国家的保障？因此，仅有选举参与是远远不够的，即便这被视为现代民主制度最重要的标志。

以上探讨均集中于国家政治层面。在现代社会中，公民参与最无力的领域应该是公共治理，并且该领域的重要性对普通人来说远超国家政治。在现代国家中，国家权力出现了分化：其中立法权是一种抽象权力，行政权则是具体权力。② 虽然表面上，代议机关掌握国家最高权力，但它并不能自己去完成决策事项。国家意志的实现最终需要依靠行政权力，行政权力因此才是真正的“实际权力”。20 世纪 50 年代，随着公共事务的门类与总量急剧膨胀，行政部门亦出现了急剧扩张。行政部门的扩张首先体现在事权上，行政部门已获得行政立法权，自主性大为增强；还体现在部门、人员规模的扩张上，行政部门人员规模远超立法、司法部门人员。沃尔多用一种看起来颇为夸张的修辞将这种情况称为“行政国家”③。在现代社会中，人们生活与负责行政事务的政府部门紧密相连，行政部门极大地影响着人们的福祉。以上情况是现代国家与近代国家、古希腊城邦最大的区别。

在现代社会中，行政部门是按照官僚制④来运行的。在官僚制中，公共行政是按照“命令—服从”逻辑运行的，其中严格拒绝或排斥公共参与。公共行政学早期的代表人之一古德诺曾认为，行政活动“应该在很大程度上把它从政治团体的控制下解放出来”⑤。因此，现代行政最重要的特征之一便是“专家独裁”。公民在社会生活中面对公共权力时只有被专家“宰制”

---

① 文森特·奥斯特罗姆. 美国联邦主义［M］. 王建勋，译. 上海：上海三联书店，2003：3.

② 张康之. 论抽象权力与具体权力［J］. 南京社会科学，2000(11)：39-44.

③ 德怀特·沃尔多. 行政国家：美国公共行政的政治理论研究［M］. 颜昌武，译. 北京：中央编译出版社，2017.

④ 马克斯·韦伯. 经济与社会：第 2 卷 上册［M］. 阎克文，译. 上海：上海人民出版社，2010.

⑤ 古德诺. 政治与行政［M］. 王元，译. 北京：华夏出版社，1987：11-17.

的命运，即使他们本来应该是国家的主人。问题在于，在行政国家中，大多公共决策是政府作出的，将民众从行政过程中排除无疑会损害民主价值。综上，公共治理中公民参与的不足正给现代民主带来重大挑战——而这是间接参与范式所无能为力的。

三、行政民主范式

行政民主是指从政治民主基础上拓展出来的行政意义的民主，它强调公民对公共事务决策与执行过程的直接参与。① 由于参与的层级与规模相对较低、较小，行政民主范式存在实现民主与效率平衡协调的较大可能。从历史角度来看，它根源于间接参与范式不能有效回应行政民主的历史转型。

如前所述，“行政国家”导致了国家权力结构的变化。议会立法受行政的牵制，同时议会对行政的控制在弱化。这导致人民通过控制政治官员，进而间接控制公务员的“环式民主”②受到损害——这便是官僚行政模式的“合法性危机”。共和主义在这种背景下开始复兴，它们希望在代议制民主的框架下推动行政民主以解决这次危机。从理论上来看，这股思潮基本属于行政民主的理论范畴。奥斯特罗姆认为，从官僚行政到民主行政是一个“哥白尼式的转折点”③，意味着行政学理论将在根本上被重塑。

20 世纪 80 年代以后，这股民主行政思潮最终在实践上演化成一场席卷多数西方发达国家的“新公共管理运动”(new public management movement)。新公共管理试图突破传统的官僚行政模式，并为之注入分权、参与和合作等民主机制。不可否认的是，在行政理论的发展历史上，新公共管理理论无疑是其中争议最大的理论之一。不少学者对其市场化

① 景跃进. 行政民主：意义与局限——温岭“民主恳谈会”的启示[J]. 浙江社会科学，2003(1)：27-30.

② 查尔斯·福克斯，休·米勒. 后现代公共行政学[M]. 楚艳红，译. 北京：中国人民大学出版社，2002：15-16.

③ 文森特·奥斯特罗姆. 美国公共行政思想的危机[M]. 毛寿龙，译. 上海：上海三联书店，1999：169.

倾向提出了质疑。然而，新公共管理运动本身却着实推动了政府行政模式的重大转变；① 它也有力地推动了民主行政的现实发展。正如张康之评价的那样，“从现实表现上，它是走向政府公共政策化和公共管理社会化的运动；在哲学的意义上，则是一场中心边缘化和边缘中心化的运动”②。

总体而言，新公共管理运动可以分为三种模式，分别是英国模式、美国模式与新西兰模式。第一，英国模式。在撒切尔夫人时期，英国政府进行了“民营化”“精简政府”改革。其中原本国营的公共企业（如邮政）被民营化，而政府的层级与规模被精简。虽然英国模式被视为为实现 3Es③ 付出的努力，但是应注意其直接原因在于传统行政模式不堪重负。第二，美国模式。奥斯本和盖布勒在 1992 年出版了《改革政府》（*reinventing government*）一书，该书影响了后来的美国总统比尔·克林顿。克林顿在其任内敦促副总统戈尔进行改革，改革的主要特点是“结果导向”：（1）削减繁琐的办事程序，实现人人为结果负责；（2）为更好的结果而授权下属；（3）建设花费少、效果好的政府。④ 第三，新西兰模式。新西兰的政府改革始于 1984 年。新西兰改革是以上两种模式的综合，其内容主要如下：（1）以私有化方式重建政府公共部门，可以商业化的就划出去；（2）引入竞争机制，即通过市场机制将公共服务承包出去；（3）以明确绩效标准考核政府效能，实施政府人力资源绩效管理。⑤

综上可见，“新公共管理模式”与传统行政模式存在显著差异，其中市

① 欧文·休斯. 公共管理导论：第 3 版［M］. 张成福，等，译. 北京：中国人民大学出版社，2007：5.

② 张康之. 公共行政中的哲学与伦理［M］. 北京：中国人民大学出版社，2004：156.

③ 其中的 3Es 是指经济（economy）、效率（efficiency）和效益（effectiveness）。参见欧文·休斯. 公共管理导论：第三版［M］. 张成福，等，译. 北京：中国人民大学出版社，2007：5.

④ 欧文·休斯. 公共管理导论：第 3 版［M］. 张成福，等，译. 北京：中国人民大学出版社，2007：5-6.

⑤ 袁方成，盛元芝. “新公共管理运动”的困境与转型——新西兰公共部门改革的反思及参鉴［J］. 公共管理学报，2011(3)：115-122.

场与社会走进了原本政府治理的领域。这是民主行政最为重要的核心要素，与张康之所言的“边缘中心化”相符。但是不难发现，新公共管理运动在目标上有着非常重的效率考虑，其“民营化”“市场化”等非常醒目的标签，也很难让人想到它与民主行政有关联。以下将以奥斯本、盖布勒的《改革政府》为例进行讨论。《改革政府》无疑是新公共管理中产生影响最大的文本，不过该书最让人难忘的就是“掌舵而不是划桨”①的箴言，其中有关“社区拥有的政府：授权而不是服务”②的行政民主主张却较少受到学界关注。因此，虽然新公共管理在民主行政理论上建树不够，但是这并不影响其在实践上的重要突破。

需要说明的是，新公共管理(运动)在学术界也受到了很多批评。其中，盖伊·彼得斯、拉里·特里(Larry Terry)等知名学者指出，新公共管理在执行层面对民主的增益度是相对有限的。③ 新公共管理并未能在治理转型的实践中真正地建立起民主行政的范式。虽然新公共管理有效地推动了基于市场或社区机制的公共参与，但这些参与更多的是以效率为导向，其中未能有效地注入民主价值。新公共管理本质上属于“管理主义”④，它未能真正超越传统的行政模式。它依然建立在“我”(政府)优先于“他者”(社会)的世界观之上，在延续以“我”为中心的现代主义叙事之时，实际上就否定了“他在性”，即否定了公民作为国家主人在公共事务中应有的实质意义的公共参与权利。⑤

① 戴维·奥斯本，特德·盖布勒. 改革政府：企业精神如何改革着公营部门[M]. 周敦仁，等，译. 上海：上海译文出版社，1996：1.

② 戴维·奥斯本，特德·盖布勒. 改革政府：企业精神如何改革着公营部门[M]. 周敦仁，等，译. 上海：上海译文出版社，1996：26.

③ Guy, P. B. *The Future of Governing*: *Four Emerging Models* [M]. Kansas: University Press of Kansas, 1996: 89; Terry, L. D. Administrative Leader-ship, Neo-Managerialism, and the Public Management Movement [J]. *Public Administration Review*, 1998, 58(3): 194-200.

④ Pollitt, C. *Managerialism and the Public Service*: *Cuts or Cultural Change in the 1990s*[M]. Oxford: Basil Blackwell, 1990.

⑤ 法默尔. 公共行政的语言：官僚制、现代性和后现代性[M]. 吴琼，译. 北京：中国人民大学出版社，2005：313-315.

第二节　价值整合的规范设计

一、新公共服务：公民中心的设计

由于新公共管理并未能完成行政民主的理论建构任务，在建构行政民主、推动公共参与中民主与效率整合的道路上，新的理论范式开始出现。其中最具代表性的是新公共服务理论。新公共服务理论由罗伯特·登哈特(Robert Denhardt)和珍妮特·登哈特(Janet Denhardt)夫妇于2000年提出，它试图超越新公共管理而贡献一套彻底的民主行政理论。总体而言，新公共服务理论吸收了民主公民权、社群主义、组织人本主义、新公共行政以及后现代公共行政的理论营养，对公共参与中民主与效率进行了系统整合。

(一)新公共服务的理论突破

新公共服务将批判对象直接对准新公共管理，从其书名——《新公共服务：服务，而不是掌舵》可见一斑。新公共服务的突破主要表现在行政民主的理论、民主与效率关系的重构两个方面。

首先，新公共服务建构了以公民为中心的治理体系。登哈特夫妇以民主政体为模型建构了他们的“新公共服务理论”。丁煌、张雅勤认为，新公共服务的“理论核心在于治理体系中公民地位的变化，公民不再是边缘化或者客体化，而应该居于中心地位”①。这样的表达实际上与政治学“主权在民”理念并没有根本的差异。在这种意义上，新公共服务可以视为前文所述“雅典神话”在公共行政领域里的迁移。

其次，新公共服务提出民主与效率的规范关系。登哈特夫妇认为：“尽管诸如效率和生产积极性这样的价值观不应该被抛弃，但它们却应被

① 丁煌，张雅勤. 公共性：西方行政学发展的重要价值趋向[J]. 学海，2007(4)：113-117.

置于民主、社区和公共利益构成的更大环境中。”①民主可以通过公共领域的话语机制、共同生产等形式由决策延伸到民主治理、公共服务和公民参与领域，公共参与的目的并不仅在于提高社区治理的效率，更重要的是培育公民的民主意识和公共参与能力。可见，新公共服务并不排斥效率，它只是认为，相比之下民主可能会更重要一些，并且试图通过行政民主推动民主与效率的平衡协调。

（二）公民中心的规范整合

作为一套较为彻底的民主行政理论，新公共服务对公共参与中的民主与效率进行了较为系统的规范性整合。这一理论整合主要包括基础保障（公共参与的地位、公共参与的权力结构、政府与公民角色定位、公共参与的价值结构）和运行系统（决策中的公共参与机制、公共服务供给中的公共参与机制）两大部分（见表 2-1）。

表 2-1　公共参与中民主与效率的规范整合

整合层级	整合要素	目标指向	新公共服务对整合要素及其目标的阐述
基础保障	公共参与在治理系统中的地位	公共参与应在治理系统中占据中心地位	新公共服务是关于公共行政在……公民参与置于中心地位的治理系统中所扮演角色的一系列思想和理论
	公共参与的权力结构	公共参与主体应分享权力	政府应该像一个民主政体那样运作
	公共参与中政府与公民的角色定位	公共参与应体现“人民主权”	公民是治理系统的中心，政府是民主的提供者
	公共参与的价值结构	民主是目的，效率是工具	不能仅为效率负责，更要为民主负责

① Denhardt, R. & J. Denhardt. *The New Public Service: Serving, not Steering*[M]. Armonk, NY: M. E. Sharpe, 2003: 173.

续表

整合层级	整合要素	目标指向	新公共服务对整合要素及其目标的阐述
运行机制	公共决策中的公共参与机制	效率支持下的民主优先	公共领域的话语机制
	公共服务供给中的公共参与机制	在高效机制中培养民主意识	共同生产：机制源于市场，观念却出自社区

资料来源：吴春梅，石绍成. 论公共参与中民主与效率的整合. 理论与改革，2010（5）：90-93.

登哈特夫妇在新公共服务的定义中肯定了公共参与在治理系统中的中心地位，他们认为："新公共服务是关于公共行政在……公民参与置于中心地位的治理系统中所扮演角色的一系列思想和理论。"①他们在权力结构上进一步对这种"公民中心"行政理论进行了描述。从权力结构来看，"政府应该像一个民主政体那样运作"②。我们知道，现代政府的运行是按照韦伯所谓的"官僚制"运行的，组织运行是依据行政命令进行的。因此，新公共服务可谓一种彻底的民主行政理论。

需要注意的是，新公共服务语境下的"民主"概念还有待阐释。为了确保公民参与在治理系统中的中心地位，登哈特夫妇认为，政府的角色"不是提供顾客服务，而是提供民主"③。这个观点颇值得玩味。相较于中国的乡村治理场域，人们较为熟悉的观点便是"送法下乡"④。那么政府应该如何提供民主呢？这就意味着，需要对政府组织形态进行改造。在官僚制形

① Denhardt，R. & J. Denhardt. *The New Public Service*：*Serving*，*not Steering*[M]. Armonk，NY：M. E. Sharpe，2003：24.

② Denhardt，R. & J. Denhardt. *The New Public Service*：*Serving*，*not Steering*[M]. Armonk，NY：M. E. Sharpe，2003：3.

③ Denhardt，R. & J. Denhardt. *The New Public Service*：*Serving*，*not Steering*[M]. Armonk，NY：M. E. Sharpe，2003：xii.

④ 苏力. 送法下乡：中国基层司法制度研究：修订版[M]. 北京：北京大学出版社，2011.

态下，政府是一个封闭的组织系统。如果按照前文登哈特夫妇“民主政体”的说法，能够想象到的就是将政府打造成“开放平台”。

在民主与效率关系上，登哈特夫妇突出了政府的伦理责任。他们认为，政府不能仅为效率负责，更要为民主负责。① 这就表明，民主是相对于效率更重要的价值。正如前文所引的话，“尽管诸如效率和生产积极性这样的价值观不应该被抛弃，但它们却应被置于民主、社区和公共利益构成的更大环境中”②。本书认为，在新公共服务理论中，民主与效率之间应该是目的—工具关系——这相当于将政治体系中的政治—行政关系迁移到单纯的行政领域中。

以下将把新公共服务理论的分析“下沉”到运行机制层面。在决策的公共参与领域，登哈特夫妇认为，政府的职能在于促进人民“无拘无束地对话”，并为对话提供合乎公共利益的保障机制，以确保公共决策的过程及成果“都符合民主规范和正义、公正与公平的价值观”。③ 从执行层面看，公共服务供给完全可以采取新公共管理方式，但政府的思维必须改变，“像共同生产这样的机制不是源于市场的概念，而是源于社区的概念”④。也就是说，在市场化方法可以为公共服务供给提供良好的技术与效率支持的情况下，应将这些手段转化为公民民主意识的培养工具。

（三）新公共服务的不足

新公共服务较好地实现了公共参与中民主与效率的理论整合，对公共参与机制亦有独到的见解，在社区治理领域中有较强的现实意义。从政治思想的流变来看，它是共和主义在行政学领域中的余脉，张康之认为，它

① Denhardt，R. & J. Denhardt. *The New Public Service*：*Serving*，*not Steering*[M]. Armonk，NY：M. E. Sharpe，2003：135-137.

② Denhardt，R. & J. Denhardt. *The New Public Service*：*Serving*，*not Steering*[M]. Armonk，NY：M. E. Sharpe，2003：173.

③ Denhardt，R. & J. Denhardt. *The New Public Service*：*Serving*，*not Steering*[M]. Armonk，NY：M. E. Sharpe，2003：66.

④ Denhardt，R. & J. Denhardt. *The New Public Service*：*Serving*，*not Steering*[M]. Armonk，NY：M. E. Sharpe，2003：115.

“在很大程度上只是一种政治学家们用以自慰的假想”①。在这种意义上，本书认为新公共服务对民主与效率的理论整合是种“规范设计”。

第一，对利他主义的估计过于乐观。登哈特夫妇认为：“公民会关注广泛的公共利益，他们会积极地参与，并且会为别人而承担责任。”②柯武刚和史漫飞有过如下分析：爱和利他主义在小型群体的激励上占有重要地位，但它们在现代大众社会中不起作用。原则上，只有三种途径能使人们为他人利益而努力：他们出于爱、团结或其他各种利他主义而努力有益于他人；他们受到暴力(命令)的威胁；他们按照自己的自由意志行动，但出于明智的自利动机，即他们期望能够获得充分的回报。③ 故此，利他主义在治理中的作用不宜夸大。

第二，对政府怀有“浪漫主义”倾向。新公共服务对政府责任的强调是伦理性的，这在理论上没有问题。但是政府在现实中更多的是依据制度与命令来运行的。任何美好的构想，都要能够落地才行。如何能够让政府满怀提供民主的责任，在政治领域是可行的(通过代议制民主就可以实现)，但在行政领域是难以想象的。如果政府能够像民主政体一样运行，那么人类社会的政党、政治团体、立法机关等是否还有存在的必要呢?

第三，政府与公民之间的信任不易建立。登哈特夫妇认为，政府与社区间的公共生产依赖于相互信任、合作，“在新公共服务中，公民和行政官员共同承担责任并且一起为执行项目而工作”④。不过，实际上除了少数专家和组织能够“看懂”政府的所作所为外，普通公民难以理解政府的内部机制、功能或其全貌，这无法为信任奠定“可信”基础。⑤ 因此，新公共服

① 张康之. 对“参与治理”理论的质疑[J]. 吉林大学社会科学学报，2007(1)：83-89.

② Denhardt，R. & J. Denhardt. *The New Public Service*：*Serving*，*not Steering*[M]. Armonk，NY：M. E. Sharpe，2003：32.

③ 柯武刚，史漫飞. 新制度经济学：社会秩序与公共政策[M]. 韩朝华，译. 北京：商务印书馆，2000：73-76.

④ Denhardt，R. & J. Denhardt. *The New Public Service*：*Serving*，*not Steering*[M]. Armonk，NY：M. E. Sharpe，2003：115.

⑤ 马克·沃伦. 民主与信任[M]. 吴辉，译. 北京：华夏出版社，2004：28-35.

务对政府与公民之间关系来说也颇具浪漫主义。

综上所述，新公共服务理论虽然在行政价值上有可取之处，但是无法为民主行政的落实提供可操作的实践基础。不可否认，浪漫主义在政治思想史中有其必要性，但是将其投入实践还需谨慎。正如荷尔德林的名言："总是使一个国家变成人间地狱的东西，恰恰是人们试图将其变成天堂。"①进而言之，学界需要对"有效率"的民主行政作出进一步的探索。

二、公共价值管理：网络治理的途径

（一）通往真实现代世界

1995年，哈佛大学教授马克·穆尔（Mark H. Moore）在《创造公共价值：公共部门的战略管理》中提出了"公共价值"概念。这为公共行政学找到了恰当的"终极价值"，因此迅速在该学科中流行开来。传统行政学将政府视为执行工具，是一套被动的装置。当代行政学则将政府视为具有自主性的行动者：新公共管理希望政府管理可以为了效益而舍弃繁文缛节；公共价值与新公共服务理论类似，希望公务人员能够利用各种机遇创造公共价值，从而为社会作出更大贡献。② 因此，"创造公共价值"依然具有强烈的规范色彩。

2006年，英国学者杰瑞·斯托克（Gerry Stoker）在《美国公共行政评论》上发表了《公共价值管理：网络化治理的一种新叙事？》③，这被认为是公共价值管理兴起的重要标志。公共价值管理理论认为，"民主与效率是事实上的伙伴关系"④。不同于新公共服务"公民中心"的设计，公共价值

① 哈耶克. 通往奴役之路[M]. 王明毅，冯兴元，等，译. 北京：中国社会科学出版社，1997：29.

② 马克·穆尔. 创造公共价值：政府战略管理[M]. 伍满桂，译. 北京：商务印书馆，2016：33.

③ Stoker，G. Public Value Management：A New Narrative for Networked Governance [J]. *American Review of Public Administration*，2006，36(1)：41-57.

④ Stoker，G. *Public Value Management and Network Governance：A New Resolution of the Democracy/Efficiency Tradeoff*[R]. Manchester，UK：Institute for Political and Economic Governance，University of Manchester，2004：3.

管理采取了“网络治理”的途径。正如斯托克所言：“公共价值管理的叙述是与治理视角最为匹配的范式。”①

作为“治理”研究领域的知名学者，斯托克②给公共价值研究带来了更多的经验色彩。实际上，作为一个管理学、政治学等学科的交叉学科，公共行政学的发展长期没有正视真实世界。一方面，政府不可能像企业一样运作，“管理主义”将其视为“企业”是一种“失真”；另一方面，政府也不等于政治体系本身，将“民主政治”理论套用公共行政领域（如新公共服务理论），这又何尝不是另一种“失真”？现代世界的真实图景是：政府只是公共领域的行动者之一，市场、社会等都是直接的、重要的行动者；除了“内部管理”外，政府大部分工作在组织外部展开，深嵌于社会与市场情境。治理概念无疑与此真实图景相符，而根据斯托克“公共价值管理的叙述是与治理视角最为匹配的范式”的表述，公共价值管理因此有了与真实世界接轨的可能。

（二）网络中心的规范整合

民主与效率依然是公共价值管理关心的核心问题③，尽管公共价值管理的核心概念并不是民主或者效率。目前，学界对公共价值存在不同的定义，其广义理解甚至包罗一切，现代政治的一切美好诉求都可以囊括在内。④ 为了避免这种“无所不包”的讨论，这里将以穆尔、斯托克的理论观点为讨论核心。仅就“公共价值”（public value）这一概念而言，它是指能够

---

① Stoker, G. *Public Value Management and Network Governance: A New Resolution of the Democracy/Efficiency Tradeoff*[R]. Manchester, UK: Institute for Political and Economic Governance, University of Manchester, 2004: 3.

② 杰瑞·斯托克在“治理”研究领域的代表作是《作为理论的治理：五个论点》，该文被国内学界广为流传的俞可平主编的《治理与善治》一书收录。

③ 何艳玲.“公共价值管理”：一个新的公共行政学范式[J].政治学研究，2009(6)：62-68.

④ Jørgensen, T. B. & Bozeman, B. Public Values: An Inventory [J]. *Administration & Society*, 2007, 39(3): 354-381.

满足公众需求的某一目标①，属于效用的范畴。他所称的“创造公共价值”或“公共价值管理”，便是指该目标获得政治体系(特别是立法)的支持，并且在具体管理与执行中富有效率。② 斯托克认为，公共价值是经过政治协商过程的公民集体偏好的表达。③ 对该过程进行管理，以确保公共价值的顺利实现构成了政府的核心使命④，民主与效率是实现该目标的核心支柱⑤。

公共价值管理声称“民主与效率是事实上的伙伴关系”，那么它是通过何种途径来实现这种整合的？公共价值管理给出的答案是网络治理(network governance)。在当今社会，公共事务决策会涉及诸多利益群体，而公共服务提供也会涉及多方主体(如 PPP 关系)，它们构成了复杂的网络关系。与传统的国家—社会二元叙事相对，斯托克认为，这为重新思考国家与社会关系提供了难得的机遇。⑥ 网络成为一个与公共事务相关的、极具包容性的概念。这在很大程度上算是对以“国家”“政府”为核心概念的传统行政学作出的叙事突破。因此，公共价值管理的核心分析单位是网络——政府的工作便是对该网络实施治理。⑦

---

① 马克·穆尔. 创造公共价值：政府战略管理[M]. 伍满桂，译. 北京：商务印书馆，2016：34.

② 马克·穆尔. 创造公共价值：政府战略管理[M]. 伍满桂，译. 北京：商务印书馆，2016：34. 需要说明的是，穆尔提出的这两点分别是政治学与行政学的“终极命题”，学者们对此已多有论及。因此，不宜对穆尔的观点有过高赞誉。

③ Stoker, G. Public Value Management: A New Narrative for Networked Governance [J]. *American Review of Public Administration*, 2006, 36(1): 41-57.

④ Stoker, G. Public Value Management: A New Narrative for Networked Governance [J]. *American Review of Public Administration*, 2006, 36(1): 41-57.

⑤ Stoker, G. *Public Value Management and Network Governance: A New Resolution of the Democracy/Efficiency Tradeoff*[R]. Manchester, UK: Institute for Political and Economic Governance, University of Manchester, 2004.

⑥ Stoker, G. Public Value Management: A New Narrative for Networked Governance [J]. *American Review of Public Administration*, 2006, 36(1): 41-57.

⑦ Stoker, G. Public Value Management: A New Narrative for Networked Governance [J]. *American Review of Public Administration*, 2006, 36(1): 41-57.

在以网络为核心的治理结构中，决策结构具有更多的“自下而上”的色彩。① 这与“民主”的初始内涵是相吻合的——更好地体现人民意志。如上所述，这能够更好地呈现“公共价值”。在公共价值管理中，民主——确切来说贯穿全程的话语民主②——是呈现公共价值的重要工具。在网络治理中，公共价值管理如何将效率整合其中？这可以参考斯托克对公共利益(public interest)的界定，公共利益是指“通过复杂的、审慎表达的个人与集体偏好，这些审慎表达包含了对投入和机会成本的考虑”③。在这种意义上，效率是一种现实主义的“公共价值”。最后，公共价值管理对民主与效率整合的核心机理集中表现如下：

> 寻找公共价值是公共价值管理的重要环节，是一个复杂的对话协商与知识交流、共同寻找解决方法的过程：这一过程首先是民主的，其次也是有效率的，因为对话协商能实现配置效率，而知识交流与方法寻找能实现技术效率，即前者是做“对”的事情，而后者是以“对”的方式来做这件“对”的事情。④

(三)公共价值管理的不足

公共价值管理在较大程度上助推了行政学学术话语的重要转变。公共

---

① Stoker，G. Public Value Management：A New Narrative for Networked Governance [J]. *American Review of Public Administration*，2006，36(1)：41-57.

② Stoker，G. Public Value Management：A New Narrative for Networked Governance [J]. *American Review of Public Administration*，2006，36(1)：41-57.

③ Stoker，G. Public Value Management：A New Narrative for Networked Governance [J]. *American Review of Public Administration*，2006，36(1)：41-57. 这个观点可能不是太好理解。从西方文化来看，公民是纳税人，公共服务的成本其实需要公民支付。因此，成本核算在这里是公共利益的基本构成。

④ 摘编自 Stoker(2004)。具体参见吴春梅，石绍成. 民主与效率：冲突抑或协调——基于湘西乾村村庄治理实践的实证分析[J]. 中国农村观察，2011(3)：13-23.

价值、网络治理等概念均颇具想象力。仍然值得深思的问题是：公共价值管理能否真正实现民主与效率的整合？在中国的政治话语中，我们也可以将公共价值管理称为“人民满意的公共管理”①范式。需要指出的是，民主决策并不一定会带来“人民满意”的结果，因为决策与执行之间有非常大的鸿沟，政策蓝图并不等同于社会实在。

波兹曼（Barry Bozeman）曾经提出过“公共价值失败”（public-value failure）的担忧②——如果缺乏有效的执行机制，再美好的决策也不过是“镜中花，水中月”。本书认为，公共价值管理是一种“地方化”的理论。③在一般意义上，公共价值管理需要解决以下三个重要问题：（1）公共价值管理如何保证有效的官僚机制？（2）公共价值管理如何确保有效的市场机制？（3）公共价值管理如何确保有效的社会机制？这些问题还有待于作进一步探讨。换言之，有效的官僚机制、健全的市场机制与活跃的社会机制是公共价值管理的前提假设——公共价值管理是这些严苛假设下作出的规范设计。

三、治理理论丛林：新古典主义的路径

（一）治理理论丛林

21世纪以后，西方行政学前沿理论走入了“治理理论丛林”④，各种以“治理”冠名的理论如雨后春笋般不断涌现。“治理理论丛林”在世界范围内产

① 参见穆尔对公共价值的定义，公共价值根本上属于效用的范畴。

② Bozeman, B. Public-Value Failure: When Efficient Markets May Not Do [J]. *Public Administration Review*, 2002, 62(2): 145-161.

③ 公共价值管理也只能在发达国家的特定地区有效。以意大利为例，公共价值管理就不一定有效，因为其社会资本发育在不同地区差异显著。参见罗伯特·帕特南. 使民主运转起来[M]. 王列，赖海榕，译. 南昌：江西人民出版社，2001.

④ 金东日，石绍成. 如何理解国家治理现代化——以民主行政理论为中心[J]. 中国行政管理，2015(11)：50-55.

生了广泛影响，并且流行于学界。弗雷德里克森(H. George Frederickson)调侃式地评论道：

> 治理现在无处不在，它似乎意指着任何事情、所有事情。因为治理现在是一个影响很大的名词，是一个主导性描述符，是学术界时尚风尚带头人目前的最爱，所以大家都想方设法把它与当下所有其他流行的话题勾连在一起。①

以公共价值管理为例，其理论话语亦同样演进到了“公共价值治理”。2014年，约翰·布莱森(John M. Bryson)等人在《公共行政评论》上专门发文讨论了公共价值治理。②

治理理论丛林是一个非常庞大的理论谱系，其中诸多分支理论已经相继被国内学界引入、应用与拓展。本书自然难以详尽地罗列出这些有关“治理”的时髦组合词汇，这里仅罗列有关“网络治理”的治理理论。正如上文所言，“网络”已经成为国家、市场外的有力叙事。根据凯斯·普罗范(Keith G. Provan)等人的观点，网络治理可以分为“多元共治”“一强多元”和“网络管理”三种类型③，具体请参见表2-2。不难发现，这些理论在国内学界早已广泛流行。

① Frederickson, H. G. Whatever Happened to Public Administration? Governance, Governance Everywhere, in Ferlie, E., J. L. E. Lynn, & C. Pollitt (eds.), *The Oxford Handbook of Public Management*[C]. Oxford: Oxford University Press, 2007: 285-286.

② Bryson J. M., B. C., Crosby & L., Bloomberg. Public Value Governance: Moving beyond Traditional Public Administration and the New Public Management[J]. *Public administration review*, 2014, 74(4): 445-456.

③ Provan, K. & K., Patrick. Modes of Network Governance: Structure, Management, and Effectiveness[J]. *Journal of Public Administration Research and Theory*, 2008, 18(2): 229-252.

表 2-2　网络治理理论的三种模式

多元共治模式	一强多元模式	网络管理模式
没有政府的治理 新治理 “多中心”治理	参与治理	新公共服务 公共价值管理 协同治理/整体性治理

资料来源：金东日，石绍成. 如何理解国家治理现代化——以民主行政理论为中心. 中国行政管理，2015(11)：50-55.

在治理理论丛林中，学者们延续了对民主与效率关系问题的探讨。马克·贝维尔(Mark Bevir)认为，在20世纪80年代以后，西方国家先后进行了诸如“新公共管理”“协同政府”“整体政府”等行政改革，这些改革催生了诸多治理理论，它们代表了人们对民主的美好追求，可以用“民主治理”来统称这些理论。① 与此同时，这一时期的治理理论也在思考如何让公共治理有效率地运行。比如，当今中国学界广为人知的“合作治理”(collaborative governance)便是其中的典型。② 克里斯·安塞尔(Chris Ansell)等人写道，合作治理使人相信“如果我们采用合作方式，便可以避免政出多门的高昂成本，并能够扩大民主参与”。③

(二)新古典主义的规范整合

治理理论丛林提供了一系列颇具古典主义色彩的“公理”。建立一系列公理是任何学科在创立阶段必须解决的问题，比如，在古典行政学阶段，

① Bevir, M. *Democratic Governance* [M]. Princeton: Princeton University Press, 2010: 33.

② 国内也有学者将其译为协同治理，当然合作与协同在中文语境里含义并不一致。参见 Ansell, C. & A. Gash. Collaborative Governance in Theory and Practice [J]. *Journal of Public Administration Research and Theory*, 2008, 18(4): 543-571.

③ Ansell, C. & A. Gash. Collaborative Governance in Theory and Practice [J]. *Journal of Public Administration Research and Theory*, 2008, 18(4): 543-571.

古利克提出了著名的POSTCORB①，告诉人们“行政”是由计划、组织、人事等七大职能构成的——它们似乎是“不言自明”的公理。治理理论丛林也试图提供“不言自明”的关于民主与效率整合的公理。正是在这种意义上，本书将其称为“新古典主义”的途径。

1. 公理Ⅰ：参与能促进民主与效率

从字面意思看，民主意味着“人民的统治”——人民“不是统治的客体，而是它的主体”②。要让人民成为统治的主体，就需要让人民更多地参与公共事务的决策。在这个意义上，参与有助于民主程度的提升。在现代社会中，这也符合人们的“经验判断”。实际上，这还是现代意识形态的基本内容，并被归入“共和主义”范畴。

参与对效率的促进作用也不难理解。在实然状态中，政府并不是无所不能的，“参与”有助于政府更好地完成任务。比如，20世纪80年代以来，随着新公共管理运动的勃兴，市场化改革对政府效率的提升几乎有目共睹。另外，“参与”有助于提高政府对外部信息的掌握程度，从而作出更理性、准确的决策。③ 从长远来看，这也有助于效率的提升。

综上，参与能够促进民主与效率——这在“参与治理”(participatory governance)理论中得到了充分体现。参与治理理论以“参与民主”④为基础，试图进一步深入探讨、检验公共参与在政府过程中的作用。⑤ 一方面，参与民主主张将公共参与引入政府决策，弥补代议制民主的不足⑥，从而

---

① Gulick, L. Notes on the theory of organization. in Gulick, L. & L. Urwick (eds.), *Papers on the science of administration*[C]. New York: Columbia University, 1937: 1-46.

② 乔·萨托利. 民主新论[M]. 冯克利，译. 北京：华夏出版社，1999：61.

③ 金东日，石绍成. 如何理解国家治理现代化——以民主行政理论为中心[J]. 中国行政管理，2015(11)：50-55.

④ 其代表人物有卡罗尔·佩特曼(Carole Pateman)，该理论主张公民对公共政策过程的参与。参见卡罗尔·佩特曼. 参与和民主理论[M]. 陈尧，译. 上海：上海人民出版社，2006.

⑤ Fischer, F. Participatory Governance: From Theory to Practice. in David Levi-Faur (ed.), *Oxford Handbook of Governance*[C]. Oxford: Oxford University Press, 2012: 458.

⑥ Fischer, F. Participatory Governance: From Theory to Practice. in David Levi-Faur (ed.), *Oxford Handbook of Governance*[C]. Oxford: Oxford University Press, 2012: 458.

有助于“深化民主”①。另一方面，参与民主理论还认为，社区参与(community participation)能够有效地提高公共服务提供的效率，在教育、环保、森林保护等领域有着非常明显的作用。②

2. 公理Ⅱ：合作能促进民主与效率

由于参与治理是建立在政府授权的基础上③，因而被认为对民主的贡献程度有限。在这种背景下，“合作治理”出现在学界，并被视为治理更佳的表达式。一般认为，合作治理是指“在制定或执行公共政策或者管理公共项目的过程中，一个或多个公共机构将非国家的利益相关者吸纳到正式的、共识导向的、审慎的集体决策中的治理安排”。④ 在合作治理中，虽然政府是治理的发起者，但是它并不独享决策的终决权。

现代西方民主强调的是竞争⑤，崇尚个人意见的表达与个人利益的追求。相比之下，合作治理显得有些“另类”。合作治理强调参与的“共识导向”，这有助于避免社会撕裂与分裂，从而最终有助于民主更加健康地发展。因此，这或许是“民主”更好的表达式。与此同时，合作治理已经成为广为接受的、提高公共事务治理效率的“灵丹妙药”。在合作治理中，政府与社会是一种合作关系，“公私伙伴关系”⑥便是这种合作关系的典型表达。众所周知，PPP 模式(public-private partnership)在基础设施建设等领域已经

---

① Fung, A. & E. O. Wright. Deepening Democracy: Innovations in Empowered Participatory Governance[J]. *Politics & Society*, 2001(1): 5-41.

② Fischer, F. Participatory Governance: From Theory to Practice. in David Levi-Faur (ed.). *Oxford Handbook of Governance*[C]. Oxford: Oxford University Press, 2012: 460.

③ Fung, A. & E. O. Wright. Deepening Democracy: Innovations in Empowered Participatory Governance[J]. *Politics & Society*, 2001(1): 5-41; Fischer, F. Participatory Governance: From Theory to Practice. in David Levi-Faur (ed.). *Oxford Handbook of Governance*[C]. Oxford: Oxford University Press, 2012.

④ Ansell, C. & A. Gash. Collaborative Governance in Theory and Practice [J]. *Journal of Public Administration Research and Theory*, 2008, 18(4): 543-571.

⑤ 约瑟夫·熊彼特. 资本主义、社会主义与民主[M]. 吴良键, 译. 北京: 商务印书馆, 1999.

⑥ 萨瓦斯. 民营化与公私部门的伙伴关系[M]. 周志忍, 译. 北京: 中国人民大学出版社, 2002.

得到了广泛使用，解决了许多政府自身无力承担的公共服务供给问题。

3. 公理Ⅲ：网络能促进民主与效率

相对于“参与”与“合作”，“网络”无疑是一个更具包容性的概念，它为更细致的理论分析提供了可能。① 这里的网络，是指人与人、组织与组织或人与组织之间的关系网络②，是其正式与非正式关系的总称③。在治理话语中，行政学界基于网络形成了炙手可热的“网络治理”(network/networked governance)理论。在此基础上，行政学界对网络的期许，也许可以从索利森(Eva Sørensen)与托芬(Jacob Torfing)所合著论文的题目中一看便知——《通过元治理使网络变得民主与有效》④。

网络治理被视为传统行政模式的替代方案，其中，官僚制组织无法对高度不确定的时代作出灵活反映，而灵活正是网络组织的重要特征。⑤ 在这种背景下，网络治理成为恰当的模式选择。这就意味着，需要充分调动公民、民间组织、公共部门和私人公司的积极性，让他们在网络治理的框架中自我治理。⑥ 在这种情况下，网络治理对民主的发展作出了贡献。同样的道理，从解决问题的最终结果上看，既然网络组织能够克服官僚的僵化弊端⑦，那就意味着，网络治理在复杂环境中比科层制组织更加有效。

---

① Provan, K. & K. Patrick. Modes of Network Governance: Structure, Management, and Effectiveness[J]. *Journal of Public Administration Research and Theory*, 2008, 18(2): 229-252.

② 陈胜勇，于兰兰. 网络化治理：一种新的公共治理模式[J]. 政治学研究，2012(2): 108-119.

③ 李维安，周建. 网络治理：内涵、结构、机制与价值创造[J]. 天津社会科学，2005(5): 59-63.

④ Sørensen, E. & J. Torfing. Making Governance Networks Effective and Democratic through Metagovenance [J]. *Public Administration*, 2009, 87(2): 234-258.

⑤ 陈胜勇，于兰兰. 网络化治理：一种新的公共治理模式[J]. 政治学研究，2012(2): 108-119.

⑥ Sørensen, E. & J. Torfing. Making Governance Networks Effective and Democratic through Metagovenance [J]. *Public Administration*, 2009, 87(2): 234-258.

⑦ 陈胜勇，于兰兰. 网络化治理：一种新的公共治理模式[J]. 政治学研究，2012(2): 108-119.

如果说不确定性是晚期现代性的重要特征，那么网络治理就是这一时代的产物。① 换句话说，网络治理在现时代具有一般性的特征，也因而具有普遍适用性。

(三)新的行政谚语?

行政谚语②是行政学家赫伯特·西蒙(Herbert Simon)评价传统行政学时使用的概念。在他看来，传统行政学的问题在于，大量使用看起来逻辑严密、形式严整的表达方式，相关观点似乎不证自明，然而这些观点却经不起实践检验。③ 如上所述，治理理论丛林所提供的"三大公理"似乎也是不证自明的。其中，很少能够看到像克里金(Erik Hans Klijn)等人那样冷峻的思考：民主与网络治理是否契合?④

公共事务应是让人类最为"纠结"的领域，原因大抵在于这事关所有人的福祉。因此，谁不希望公共事务能够尽善尽美?在此基础上，人们通过想象并借助理性思辨能力来建构理想中的社会，如柏拉图的《理想国》、莫尔的《乌托邦》以及康帕内拉的《太阳城》。在很大程度上，治理理论丛林也代表了很多学者对美好行政的想象与设计。然而，美好的想象并不能代表现实，即使它在纯粹逻辑层面并无问题。即使沿着西方的学术脉络，也不应该忘记亚里士多德的箴言，政治固然追求"至善"⑤，但政治学则是一门科学，并且是"最权威的科学"⑥。就此而言，如果没有

① 张康之，程倩. 网络治理理论及其实践[J]. 新视野，2010(6)：36-39.

② Simon, H. A. The Proverbs of Administration[J]. *Public Administration Review*, 1946, 6(1): 53-67.

③ Simon, H. A. The Proverbs of Administration[J]. *Public Administration Review*, 1946, 6(1): 53-67.

④ Klijn, E. H & C. Skelcher. Democracy and governance networks: compatible or not? [J]. *Public Administration*, 2007, 85(3): 587-608.

⑤ 亚里士多德. 政治学[M]. 颜一，秦典华，译. 北京：人民出版社，2003：1.

⑥ 亚里士多德. 尼各马可伦理学[M]. 廖申白，译. 北京：商务印书馆，2003：4.

能够在科学尺度下建立民主与效率整合的理论，那么再美好的理论也只是“行政谚语”。

那么，什么是科学？正如伯纳德·巴伯(Bernard Barber)所言：“科学必须是理性的又是经验的。”①符合人的理性逻辑固然是科学的必要条件，但并非充分条件。科学还需与现实情况相符，经得起实践的检验。因此，民主与效率整合的理论设计需要符合学理逻辑，更需要能够进行实证检验。本书将沿着这种思路，在中国乡村治理场域下继续探讨这一问题。希望能够超越既有研究，走出西蒙所谓的“行政谚语”，从而真正将理论写在中国的大地上。行政学的奠基人伍德罗·威尔逊(Woodrow Wilson)当年就倡导过行政学的“美国化”②。这或许是因为基于本国的研究，更容易为理论分析奠定扎实的经验基础。

第三节　价值整合的科学建构

一、基层民主的中国经验

前面两节主要基于西方行政学文献，分析了西方历史中的公共参与模式变迁。然而，“巴黎公社”开辟了人类民主的新通道，马克思主义亦揭示了实现民主与效率整合的科学路径。中国共产党领导的治理实践则为进一步思考这些问题提供了丰厚土壤。囿于本书的基本论题，下文的论述将集中在“农村基层民主”的范围内。

(一)基层民主的初创开拓

如前文所述，马克思与恩格斯在《共产党宣言》等文献中指出了资产阶级民主的虚伪性。根据马克思主义国家学说，“议行合一”是无产阶级政权

① 伯纳德·巴伯. 科学与社会秩序[M]. 顾昕，译. 北京：三联书店，1991：9.

② Wilson, W. The Study of Administration[J]. *Political Science Quarterly*, 1887, 2(2): 197-222.

的组织原则。① 作为马克思主义政党，中国共产党的政权建设自然遵循“议行合一”原则，并坚持民主主体的人民性。随着中共领导的政权建设的起步，人民群众得以砸开绑在身上的封建镣铐，中国的基层民主便由此拉开帷幕。

正如毛泽东说的那样：“十月革命一声炮响，为我们送来了马克思列宁主义。”②在这种情况下，中共早期的红色政权建设学习的是苏联经验。简而言之，即移植“苏维埃”制度。在“苏维埃”制度下，中国基层民主实践迈出了其最早的步伐。需要说明的是，此时基层民主的核心是围绕乡级“苏维埃”展开的。毛泽东于 1933 年进行的“长岗乡调查”，为我们了解红色政权早期的基层民主实践，提供了非常可贵的历史资料。

根据毛泽东的调查③，长岗乡下辖 4 个村，设有乡苏维埃代表大会，这是群众管理自己生活的政权机关。苏维埃代表由全乡工农群众选举产生，其中农民的投票参与率高达 93%。乡苏维埃下设“扩大红军委员会”“土地委员会”“山林委员会”等 15 个群众组织。从名称上便能看出来，它们是群众自己管理本地事务的组织。需要说明的是，其中除了“扩大红军委员会”有村级组织外，其他委员会没有整体下沉到村一级，只是每个村设有 1 名委员。

1934 年，毛泽东发表了《关心群众生活，注意工作方法》一文，他在文中写道：

> 新区边区的工作，一切工作，如果仅仅提出任务而不注意实行时候的工作方法，不反对官僚主义的工作方法而采取实际的具体的工作方法，不抛弃命令主义的工作方法而采取耐心说服的工作方法，那末任务也是不能实现的。④

---

① 马克思恩格斯选集：第 3 卷[M]. 北京：人民出版社，2012：98.
② 毛泽东选集：第 4 卷[M]. 北京：人民出版社，1991：1471.
③ 毛泽东农村调查文集[M]. 北京：人民出版社，1982：286-300.
④ 毛泽东选集：第 1 卷[M]. 北京：人民出版社，1991：140.

这种强调“官民平等”“沟通说服”的思想，标志着红色政权中的基层民主实践开始走向理论自觉。

随着政权建设经验的逐渐丰富，毛泽东在《论新民主主义》与《论人民民主专政》等文章中系统阐述了中国共产党的政权建设思想。这些思想中所蕴含的普遍原则对于基层民主同样成立。根据这两篇文章：具体的人民(以工农联盟为基础①)是民主的主体，而非虚假的“国民”②；人民拥有选举、言论、集会、结社等政治权利③；人民选举产生各级国家权力机关，各级权力机关再选举产生各级政府④；国家权力的行使，凡涉及人民的均使用“民主的即说服的方法”⑤。

随着中华人民共和国的成立，“人民民主”在全国范围内得到了普遍落实。一般而言，此后的国家基层政权为乡政府⑥，乡人民代表大会成为农民行使政治权利的舞台。乡下面的村不设立政权组织，这在1954年通过的《宪法》中得到进一步明确。这就意味着，行政村不像乡政府拥有如“人民代表大会”那样的权力机关。虽然没有村级最高的“权力机关”，但是行政村还是设有村主任一职，并且由村民直接选举产生。根据《中国乡村，社会主义国家》一书提供的案例，村主任选举有时会非常激烈。⑦ 在此基础上，村级事务的管理则遵循“民主集中制”原则，在作出决定之前允许村民们进行充分讨论。⑧ 在人民公社化运动开始后，村庄事务管理的“民主集中制”逐步遭到破坏。

纵观基层民主的初创开拓阶段，乡级政权(下辖多个村)建设是基层民

① 毛泽东选集：第4卷[M]. 北京：人民出版社，1991：1480.

② 毛泽东选集：第2卷[M]. 北京：人民出版社，1991：676.

③ 毛泽东选集：第4卷[M]. 北京：人民出版社，1991：1475.

④ 毛泽东选集：第2卷[M]. 北京：人民出版社，1991：677.

⑤ 毛泽东选集：第4卷[M]. 北京：人民出版社，1991：1476.

⑥ 黄宗智. 长江三角洲小农家庭与乡村发展[M]. 北京：中华书局，1992：177.

⑦ 弗里曼，毕克伟，赛尔登. 中国乡村，社会主义国家[M]. 北京：社会科学文献出版社，2002：194.

⑧ 黄宗智. 长江三角洲小农家庭与乡村发展[M]. 北京：中华书局，1992：183.

主的核心环节。需要指出的是，20 世纪 40 年代曾有一些地区出现过村级政权——不过，这些政权的上级是县级权力机关。韩丁的经典作品《翻身》提供了许多山西潞城张庄村"村人民代表大会"的细节资料。① "村人民代表大会"是张庄村的最高权力机关，由村庄革命群众选举产生。它有权制定村里的各种规章制度，处理村里纠纷、任命村主任等。其中，村党支部有关村庄事务的重要意见也需提交到"村人民代表大会"，经讨论通过后才得以执行。或许，我们仍能从村民自治制度中看到这些历史的一些影子。

(二)基层民主的发展深化

在人民公社体制解体之后，中国农村告别了全能主义的治理模式。为解决农村生活中的现实问题，基层人民创造了新的集体生活方式——广西宜州市合寨村建立了中国第一个村民委员会。② 中国共产党对农民的这种自发创造给予了高度认可。正如江泽民指出的那样，"包产到户、乡镇企业和村民自治，都是党领导下农民的伟大创造"③。经过国家自上而下的推动，村民自治作为一种实践形态在全国得到迅速推广。1987 年，全国人大通过并试行《中华人民共和国村民委员会组织法》(以下简称《村组法》)，标志着村民自治正逐步上升到国家制度层面。1998 年 11 月，《村组法》正式颁布实施，标志着村民自治正式成为中国基层治理的基本制度。

村民自治是一项重要的基层群众自治制度，它为中国农民提供了多类型的民主实践的制度保障。根据 1998 年实施的《村组法》，村民自治的基本内容是"民主选举、民主决策、民主管理、民主监督"。相对于以"民主选举"为核心内容的自由主义民主，村民自治凸显了社会主义民主的广泛性与真实性。前全国人大常委会委员长彭真曾经指出："八亿农民实行自治，自我管理，自我教育，自我服务，真正当家作主，是一件很了不起的

① 韩丁. 翻身：中国一个村庄的革命纪实[M]. 韩倞，邱应觉，译. 北京：北京出版社，1980：628-633.

② 徐勇. 乡村治理与中国政治[M]. 北京：中国社会科学出版社，2003：3.

③ 江泽民文选：第 2 卷[M]. 北京：人民出版社，2006：210.

事情，历史上从来没有过。”①就此而言，村民自治真正使“人民当家作主”最终落实到村一级，从而更好地彰显了社会主义制度的民主价值。

在学术研究层面，随着乡村政治研究逐步向前推进，村民自治的“自治”概念正逐渐被内涵更丰富、更符合学术规范的“治理”概念所取代。可以说，“治理”的出现极大拓宽了乡村政治的研究领域。国内较具代表性的几位学者都在其专著中使用了“治理”概念，比如：徐勇的《乡村治理与中国政治》②、项继权的《集体经济背景下的乡村治理》③、吴毅的《村治变迁中的权威与秩序》④以及贺雪峰的《乡村治理的社会基础》⑤，这些学术努力使得“治理”概念得以在乡村政治的研究领域中流行开来。在这种情况下，国家制度嵌入的村民自治以及村庄内生的政治性、公共性或集体性行动得以纳入统一的“治理”学术概念。

在“治理”流行于学界的过程中，它也逐步成为中国的政策用语，并且成为农村基层的统领性概念。2013 年，党的十八届三中全会提出：“全面深化改革的总目标是完善和发展中国特色社会主义制度，推进国家治理体系和治理能力现代化。”不难发现，治理已经被置于中国国家建设的核心位置。在此基础上，治理概念的下移便顺理成章。2017 年，党的十九大进一步提出，要“健全自治、法治、德治相结合的乡村治理体系”。在乡村振兴的语境中，常见的“治理能力现代化”也被具体化为“治理有效”。根据十九大的表述，乡村振兴的总目标是“产业兴旺、生态宜居、乡风文明、治理有效、生活富裕”。这标志着“有效治理”将成为乡村治理的新目标——当然，这是从现代化与动态角度来定义的。

“民主”显然是现代政治意识形态的核心概念。在现实中，它似乎具有

① 彭真文选[M]. 北京：人民出版社，1991：607-608.

② 徐勇. 乡村治理与中国政治[M]. 北京：中国社会科学出版社，2003.

③ 项继权. 集体经济背景下的乡村治理[M]. 武汉：华中师范大学出版社，2002.

④ 吴毅. 村治变迁中的权威与秩序[M]. 北京：中国社会科学出版社，2002.

⑤ 贺雪峰. 乡村治理的社会基础[M]. 北京：中国社会科学出版社，2020.

宰制他人的魔力，谁都希望在自己身上贴上“民主”的标签。① 在这种思维作用下，民主带来的极有可能是暴力与冲突。这在特朗普时代美国的公共生活中便已经暴露无遗。实际上，早在20世纪60年代，著名政治学家亨廷顿便给美国留下忠告：“各国之间最重要的政治分野，不在于它们的形式，而在于它们的有效程度。”②卢梭也曾说过：“政治结合的目的是为了什么？就是为了它成员的生存和繁荣。”③在此基础上，我们可以作以下延伸：有质量的民主远比形式至上的民主更为重要。那么，什么是有质量的民主呢？“有效”显然是定义有质量的民主的关键。本书认同徐勇的观点：有效治理实际上是村民自治的继续深化。④

（三）治理民主的概念出场

如上所述，有效治理实际上是村民自治的继续深化，那么，“有效治理”意味着什么样的治理形态呢？本书试图用“治理民主”来概括“有效治理”的现实形态。杨光斌认为，治理民主（governable democracy）是超越了西方“自由民主”（liberal democracy）的民主模式，其核心在于民主的可治理性。⑤ 具体到农村基层，治理民主强调村民自治形式的多样性，而不只是单一的投票选举，其“自治单元”也不只是行政村⑥；在此基础上，它强调“通过治理让民众有更多的获得感”⑦。

---

① 乔·萨托利. 民主新论［M］. 冯克利，阎克文，译. 北京：东方出版社，1997：4.

② 塞缪尔·亨廷顿. 变化社会中的政治秩序［M］. 王冠华，刘为，等，译. 上海：上海人民出版社，2008：1.

③ 卢梭. 社会契约论［M］. 何兆武，译. 北京：商务印书馆，2008：107.

④ 徐勇. 民主与治理：村民自治的伟大创造与深化探索［J］. 当代世界与社会主义，2018(4)：28-32.

⑤ 杨光斌. 中国政治认识论［M］. 北京：中国社会科学出版社，2018：437.

⑥ 徐勇. 民主与治理：村民自治的伟大创造与深化探索［J］. 当代世界与社会主义，2018(4)：28-32.

⑦ 徐勇. 民主与治理：村民自治的伟大创造与深化探索［J］. 当代世界与社会主义，2018(4)：28-32.

基层民主作为中国特色社会主义民主政治的组成部分，治理民主在本质上亦是被社会主义民主所规定的。从历史向度来看，“中国的民主化是围绕着人民民主发展展开的”①。从理论根源来看，它源于马克思对公社制度的阐述：公共权力由民主选举产生；行政权与立法权合一。② 在当代中国语境中，它在根本上属于“全过程人民民主”③的范畴。在村民自治场域下，“立法权”实际上就是议事权。不难理解，行政权与议事权合一将使治理获得自主性。这是民主治理能够获得有效治理的根本支撑——用马克思的话来讲，治理民主这种民主模式是“实干的”④。在公共权力由民主选举产生的基础上，治理民主将最终使村民获得自主性。进言之，农村基层场域下治理民主的鲜明特征在于：村民通过形式多样的治理实践解决与他们相关的公共事务，从而将美好生活抓在自己的手中。

治理民主根植于社会主义民主制度，随着“有效治理”的提出，这种民主模式在农村基层最终获得生成的历史条件，从而成为一种现实存在。如果说治理民主在国家层面更多地反映国家自主性⑤，那么它在农村基层则更多地体现为国家的政治制度化程度。按照亨廷顿的说法，制度化是“组织和程序获取价值观和稳定性的一种进程”⑥。更通俗地说，这实际上与国家的“乡村整合”⑦有关——国家将一些有益的、稳定的自主治理方式吸纳进来。正如本书开篇所言，治理民主不仅事关中国特色社会主义制度的发展，也事关其国家建设问题。

以上对治理民主进行了纯粹理论层面的分析。由此可见，治理民主是

① 林尚立. 当代中国政治：基础与发展[M]. 北京：中国大百科全书出版社，2016：320.

② 马克思恩格斯选集：第3卷[M]. 北京：人民出版社，2012：98.

③ 在庆祝中国共产党成立100周年大会上的讲话. 人民日报[R]. 2021-07-02.

④ 马克思恩格斯选集：第3卷[M]. 北京：人民出版社，2012：98.

⑤ 杨光斌. 中国政治认识论[M]. 北京：中国社会科学出版社，2018：443.

⑥ 塞缪尔·亨廷顿. 变化社会中的政治秩序[M]. 王冠华，刘为，等，译. 上海：上海人民出版社，2008：10.

⑦ 徐勇. 国家化、农民性与乡村整合[M]. 南京：江苏人民出版社，2019.

一种追求“治理有效”的民主模式，民主与效率将在其中实现协调与平衡。在农村基层场域中，由于村庄共同体规模较小，村民参与将贯穿治理全过程。甚至可以说，如果没有村民的参与，民主治理将失去其实践主体，也就没有所谓的治理民主。因此，本书将在治理民主理论中进一步探究公共参与的价值整合问题。具体而言，这里提出的问题是：在治理民主中，村民参与的民主与效率价值如何实现整合？该问题的答案将有助于揭示民主治理的理论可能性，亦将揭示其深层的运行机理。本书将试图立足于治理民主的基本理论，在“科学”范式下对民主与效率的整合进行分析，从而超越行政学已有的相关研究。

二、价值整合的方法准备

(一)实证科学

本书试图超越“行政谚语”式的理论研究，其核心之一便是试图提出可以证实或证伪的一系列命题。马克思与恩格斯在《德意志意识形态》中有如下一段话：

> 在思辨终止的地方，在现实生活面前，正是描述人们实践活动和实际发展过程的真正的实证科学开始的地方。关于意识的空话将终止，它们一定会被真正的知识所代替。①

他们使用了“实证科学”的概念，并且指出实证科学的核心在于：科学理论源于现实而不是空想——源于现实则可以证实，源于纯粹思辨则不一定能够证实。本书将沿着该“实证科学”的路径来探讨村民参与中的民主与效率如何在治理民主中实现整合。

那么实证科学的操作规则是怎样的呢？对此，我们可以从毛泽东的

① 马克思恩格斯选集：第1卷[M]. 北京：人民出版社，2012：153.

《反对本本主义》中得到启示。毛泽东指出：

> 本本主义的社会科学研究法同样是最危险的，……我们说马克思主义是对的，绝不是因为马克思这个人是什么“先哲”，而是因为他的理论，在我们的实践中，在我们的斗争中，证明了是对的。①

从中我们可以清楚地看到，理论并不能用“理论”来证明，即使该理论出自权威的先哲之手。理论的真理性只能从实践中得到确证。通俗地讲，理论需要实践来加以证明。因此，“实证科学”的核心在于证明环节。那么如何去证明呢？毛泽东进一步指出：“只有向实际情况做调查。”②

(二)中层理论

“中层理论”的概念出自社会学家罗伯特·墨顿(Robert Merton)。按照他的解释，中层理论具有以下两大特征：“(1)创立可以推导出能够接受经验研究的假设的特殊理论；(2)逐步地而非一蹴而就地发展概括化的概念体系，即能够综合各种具体理论的概念体系。”③由此可见，中层理论并不拒斥宏观理论。墨顿只是认为，宏观理论需要建立在中层理论的基础上。④在此基础上，不难看出，中层理论是建立在可以得到经验检验的假设之上的。

马克思主义通常被认为是“宏大叙事”(grand theory)，但是马克思与恩格斯的相关论述中却包含了丰富的中层理论思想。他们在《德意志意识形态》中写道：“经验的观察在任何情况下都应当根据经验来揭示社会结构和政治结构同生产的联系，而不应当带有任何神秘和思辨的色彩。”⑤历史唯

① 毛泽东选集：第1卷[M]. 北京：人民出版社，1991：111.

② 毛泽东选集：第1卷[M]. 北京：人民出版社，1991：112.

③ 罗伯特·墨顿. 社会理论和社会结构[M]. 唐少杰，等，译. 南京：译林出版社，2015：75.

④ 引文中的“特殊理论”“具体理论”均指中层理论。

⑤ 马克思恩格斯选集：第1卷[M]. 北京：人民出版社，2012：151.

物主义认为，无论是社会结构还是政治结构，在根本上都是由生产所决定的。然而，如引文中指出的那样，无论是社会结构或政治结构，与生产的联系都要“根据经验来揭示”。从文本层面来看，其中的每组联系(即通常意义的理论假设)应是经验能够检验的。

那么，什么样的假设是能够进行经验检验的？墨顿认为：“根本的一点在于这些理论是有经验根据的理论，它们包含了一套被证实了的假说，而不仅仅是整理过的描述性资料或经验概括或在逻辑上依然分离的假说。”①“有经验根据”表明中层理论与经验保持着相当近的距离；“一套被证实了的假说”则表明具有推演、解释的能力，而不只是单纯的经验概括。在这里，概念的适度抽象得到了显著强调。有鉴于此，本书将把“民主”“效率”等高度抽象的概念进行降维拆解。这样做，一方面将使这些“降维概念”能够被经验所观察与证实；另一方面则将使这些“降维概念”保持逻辑关联，并能够推导出总体的民主与效率的关系。

三、治理民主的运行逻辑

(一)核心机制：可治理的民主

前文已经提到，治理民主的核心是“可治理的民主”②，本书将在乡村治理场域中进一步探讨“可治理的民主”是如何建构的。从根本上而言，人类秩序可以分为“内生秩序”与“建制秩序”两种。③ 其中内生秩序因其自发性而引人遐想；建制秩序因其操作性而令人神往。原因在于：“自发性”意味着不竭动力；而“操作性”则意味着达成特定目标的能力。在村民参与中，治理民主有效统合了村庄的内生秩序与建制秩序，从而使其成为“可

① 罗伯特·墨顿. 社会理论和社会结构[M]. 唐少杰，等，译. 南京：译林出版社，2015：89.

② 杨光斌. 中国政治认识论[M]. 北京：中国社会科学出版社，2018：437.

③ 哈耶克. 自由秩序原理：上册[M]. 邓正来，译. 北京：三联书店，2003：17-18.

治理的民主”。

在我国农村，农民往往都是聚落而居。“聚居”能够为生产、生活带来便利，在更为久远的年代则能为生命安全带来保障。贺雪峰认为：

> 从历史上看，村里是农村社会产生以来十分古老的一个概念，历史上一直是以自然村的面目出现的，由于居住原因，可以分为村落、村庄、村寨。随着国家行政管理对农村的全面渗透，村日益纳入国家行政管理的体系，从而出现了行政村的概念。①

在自然村中，村民参与是“自然而然”的过程，国家并不需要为此刻意支付成本。根据黄宗智的研究，即使是在人民公社时期，成功的治理仍旧需要重视自然村的作用，并在此基础上达成均衡。② 因此，“可治理的民主”的基石之一是“多层民主”。“多层民主”鼓励以自然村为基础的村民参与，从而尽可能最大限度地调动血缘、趣缘与利益基础上的集体行动，进而充分、有效地开发、利用村庄内生秩序。如果“人是社会性动物”是颠扑不破的真理，那么“多层民主”将赋予治理民主不竭动力。

“行政村”是国家为方便管理而设立的治理单元，当然这也是村民自治的最高治理单元。根据《村组法》第 3 条：“村民委员会向村民会议、村民代表会议负责并报告工作。”因此，“村民会议”与“村民代表会议”是村民自治中的最高权力组织。如前所述，在马克思那里，治理民主要成为“可治理的民主”需要决策权(议事权)与执行权合一。③ 据此，村民代表大会在治理民主中集决策权与执行权于一身，村民委员会是其执行机构并对其负责。从哲学上讲，作为集体的“村民”将由此获得“自主性”，从而将

---

① 贺雪峰. 乡村治理的社会基础[M]. 北京：中国社会科学出版社，2003：43.

② 黄宗智. 长江三角洲小农家庭与乡村发展[M]. 北京：中华书局，1992：189-190.

③ 马克思恩格斯选集：第 3 卷[M]. 北京：人民出版社，2012：98.

村民“自我管理，自我教育，自我服务，真正当家作主”①落到实处。村民代表大会也将由此获得治理能力，这就最终使治理民主成为“可治理的民主”。

(二)价值向度：民主且有效

治理民主能够实现村民参与中民主与效率的整合。在治理民主中，村民可以参与自然村、行政村等多层面的集体事务。这包含了丰富多样的民主实践形式，从而彰显了村民参与的民主价值。在自然村层面，村民具有较强的集体行动能力，从而能富有效率地“把事办成”。在行政村层面，村民代表大会集决策权与执行权于一身，使“村民集体”获得自主性。这将使村民代表大会变成“实干”(马克思语)的组织。在这种情况下，作为村民参与载体的村民代表大会必然会富有成效。

在此基础上，本书将对治理民主的价值向度进行更深入的分析。在现实生活中，人们对民主与效率的关系会有不同的争论。其原因大抵在于，大家对“民主”或“效率”的定义是不一样的。本书认为，这些争论实际是对不同维度的民主或效率进行争论。在村民参与情境中，人们对“民主”的界定通常包括：(1)“所有成年人是否都能参与到村庄事务中”；(2)“村民参与在事项上是否有限制”；(3)“村民的意见是否‘有用’”；(4)“村民参与是主动的，还是被动的”。在学术语言中，这些问题可以分别定义为“参与广度”②、“参与范围”③、“参与强度”④与“参与深度”⑤。在同样的情境中，人们对效率的界定通常包括：(1)“村里事务处理的快慢”；(2)“村里

① 彭真文选[M]. 北京：人民出版社，1991：607-608.

② 科恩. 论民主[M]. 聂崇信，等，译. 北京：商务印书馆，1988：12.

③ 科恩. 论民主[M]. 聂崇信，等，译. 北京：商务印书馆，1988：27.

④ 塞缪尔·亨廷顿，琼·纳尔逊. 难以抉择：发展中国家的政治参与[M]. 王晓寿，等，译. 北京：华夏出版社，1989：12.

⑤ 科恩. 论民主[M]. 聂崇信，等，译. 北京：商务印书馆，1988：21.

工程的质量好坏”；(3)“集体事务是否存在人力物力的浪费”。在学术语言中，这些问题则分别可以定义为“时效”①、“效益”②与“投入产出比”③。

经过上述概念降维，为在实证层面推进治理民主的价值面向研究提供了基础。毫无疑问，该问题涉及了诸多变量，因而这部分不准备对此作全面探讨。这里仅以“参与广度”与“效益”为例进行理论探讨。一方面，效益本身体现为“是否满足人们的需求”，通过扩大“参与广度”能够显示村民需求，从而提升“效益”。另一方面，通过扩大“参与广度”能够很好地集思广益，从而有助于作出更好的决策，这对提高“效益”也具有直接的促进作用。总而言之，“参与广度”对“效益”具有促进作用。在此基础上，“参与广度”与“效益”变量无疑是可以共存的——这是对它们进行整合的学理基础。

① 张国庆. 行政管理学概论：第二版[M]. 北京：北京大学出版社，2000：369-370.

② Koontz，H & H. Weihrich. Management(9th ed.)[M]. New York：McGraw-Hill Inc.，1998：58.

③ 周志忍. 公共性与行政效率研究[J]. 中国行政管理，2000(4)：41-45.

第三章　理论框架与实证设计

村民参与中的民主与效率包含了参与广度、参与深度等七个要素，本书在相关理论分析的基础上，就这些要素间的关系提出相应的理论假设，从而建立起村民参与中民主与效率的关系模型。在实证设计上，本书根据民主治理的内涵设计出以上七大要素的测量指标与题项，通过数据分析对问卷的信度与效度进行检验，从而提高测量的科学性；本书还拟通过比较历史分析的方法，对治理民主的机制与作用条件等进行验证。

第一节　理论模型的建构

村民参与中民主与效率的整合要以民主与效率之间的关系为基础，建立研究模型的目的正是为了较为直观地呈现两者的关系。根据前文的理论分析，村民参与中民主与效率的构成要素分别包含了参与广度、参与深度、参与范围、参与强度以及时效、投入产出比与效益等要素。

一、村民参与中民主与效率的构成要素

(一)村民参与中民主的构成要素

根据前文的理论分析，村民参与中的民主应该包括参与广度、参与深度、参与范围与参与强度四大要素。这四个要素之间并无交叉，并且在民主的外延上具有周延性，用它们来考察“民主”具有逻辑合理性。

(1)参与广度。参与广度是民主的构成要素之一，它往往与参与者的

人数相关。准确地说，参与广度是参与者占应参与者的比例。① 显而易见，参与广度越大往往意味着民主程度更高。在现实的政治生活中，政治选举的投票率往往被用来当作民主程度的衡量指标，似乎投票参与率越高就意味着民主程度越高。需要说明的是，参与广度并不能单独决定民主的程度，很高的参与广度并不一定意味着高度民主。比如，在政权的更替之时，新的执政力量必定会发起高度的社会参与，以此来获得公众的支持，并削弱对方的群众基础。在社会处于危急状态之时，也会出现高度的社会参与以提高社会的凝聚力。它们并不见得总与民主相关。

(2)参与深度。参与深度是构成民主的一项复杂变量，它是指人们对公共事务的投入程度。科恩认为，参与深度与参与性质有关。② 从参与形式的常见划分——主动参与和被动参与来看，两者性质的确存在较为明显的差异。前者意味着人们积极、主动地投入政治或公共事务，这是民主理论所极力强调的一种参与方式。亚里士多德的名言“人是天生的政治动物”③，甚至将积极投身公共事务上升到人性的高度。被动参与则意味着人们在进入政治或公共事务时是被动、消极或不自愿的，它在政治中的作用往往被民主理论所忽略。很明显，前者的参与深度大于后者。

(3)参与范围。这是民主的重要构成要素，它是指人们能够参与的事项之多寡。④ 需要说明的是，参与范围并不同于参与广度。参与广度与参与者的数量多少有关；参与范围指向的则是参与事项的多寡。一般而言，参与范围的大小能反映出公民权利的大小：我们可以认为，参与范围愈大，公民权利就愈大，民主程度就越高。然而，在现代社会中，公民参与更多地体现在公共事务的决策参与上，当然政治上的选举参与自不待言。以我国的“重大行政事务决策”为例，《重大行政决策程序暂行条例》第 6 条

① 科恩. 论民主[M]. 聂崇信，等，译. 北京：商务印书馆，1988：12.
② 科恩. 论民主[M]. 聂崇信，等，译. 北京：商务印书馆，1988：21.
③ 亚里士多德. 政治学[M]. 吴寿彭，译. 北京：商务印书馆，1987：7.
④ 科恩. 论民主[M]. 聂崇信，等，译. 北京：商务印书馆，1988：27.

便规定如下："作出重大行政决策应当遵循民主决策原则，充分听取各方面意见，保障人民群众通过多种途径和形式参与决策。"

(4)参与强度。参与强度是这四个维度中综合性最强的一个，它指的是公共参与对最终决策的贡献程度。① 简单来说，就是公众意见是否"有用"？从"主权在民"的角度来看，公共事务决策应该由公共协商的结果来定。因此，参与强度越高，民主程度往往就越高——这应该是民主的"理想"。需要说明的是，现代社会是高度分工的社会，政治抑或行政都是高度专业化的领域，因此政府在做决策时需要综合考虑。政府毕竟是具有"自主性"的组织。② 另需说明的是，"公众"实际上是具有高度异质性的，阶层、利益差异等均会导致公众内部意见的差异。综上可见，参与强度并不是一个规范性概念，即参与强度存在一定阈值，当然它也不是越高越好。

(二)村民参与中效率的构成要素

我国行政学界倾向于对效率做广义的解释：效率不仅体现在时效(速度)、投入产出比上③，"更重要的是体现在社会效益上"④。效率是"数量与质量的统一，价值与功效的统一"⑤。本书对村民参与中效率的界定也拟从广义的效率概念出发。因此，村民参与中效率的构成主要包括时效、投入产出比与效益三个要素。

(1)时效。参与时效是效率的基本维度，其计算公式为 $v=n/t$(其中 v 为时效，n 为总量，t 为时间)。随着工业时代的到来，"时效"在普遍意义上被当成绩效的计量单位。在大名鼎鼎的"泰勒制"中，依据时效逻辑建立

① 塞缪尔·亨廷顿，琼·纳尔逊．难以抉择：发展中国家的政治参与[M]．汪晓寿，等，译．北京：华夏出版社，1989：12.

② 塞缪尔·亨廷顿．变化社会中的政治秩序[M]．王冠华，刘为，等，译．上海：上海人民出版社，2008：20.

③ 周志忍．公共性与行政效率研究[J]．中国行政管理，2000(4)：41-45.

④ 黄达强．行政学[M]．北京：中国人民大学出版社，1988：365-366.

⑤ 夏书章．行政效率研究[M]．广州：中山大学出版社，1996：3.

的“计件制”①便构成该管理制度的基石。从历史来看，公共参与的历史转型所要解决的民主与效率关系问题，在很大程度上就是从时效来考量的。其中显而易见的是，众多人一起决策所耗费的时间会远比几个人更多，这是国家层面上间接民主取代直接民主的基本逻辑。需要指出的是，时效只是效率的初级形态，并且这种形态具有不完整性。② 原因在于，“时间”在人类社会中的重要形态便是“社会时间”③，这实际上是一种主观时间。

(2)投入产出比。投入产出比是指投入与产出的比值，即 v=p/e(其中 v 为效率，p 为投入，e 为产出)。这应该是最具综合性的效率构成要素，因为不同于时效或效益，其中“投入”或“产出”均可涉及人的行为。在经济活动中，投入与产出一般可以用货币来衡量。正如熊彼特指出的那样，在现代经济活动中“可以计算的东西已愈来愈多”④，人们通过记账簿便能进行经营活动。因此，投入产出比在经济活动中被视为效率的“标准答案”。当然，本书并不会采用严格的经济学意义上的效率概念。在公共活动或者政治活动中，成本与效益往往并不都能用货币来衡量。因此，只能够使用“投入”与“产出”大致量值，并在此基础上形成其大致的比较性量值。

(3)效益。将效益当成效率的构成要素应是较为晚近的观念。⑤ 从行政思想史来看，这大概受了新公共行政学的影响。新公共行政学的一个重要主张就是以“社会性效率”取代唯数字为是的“机械性效率”⑥。如果从实证科学的角度来看，科斯(Ronald H. Coase)的观点颇具洞见。传统经济学

---

① 弗雷德里克·泰勒. 科学管理原理[M]. 胡隆昶，等，译. 北京：中国社会科学出版社，1984：1-28.

② 吴春梅，石绍成. 民主与效率的关系：基于社会治理模式变迁的考察[J]. 江汉论坛，2013(4)：40-44.

③ 胡敏中. 论马克思主义的自然时间观和社会时间观[J]. 马克思主义研究，2006(2)：38-43.

④ 约瑟夫·熊彼特. 资本主义、社会主义与民主[M]. 绛枫，译. 北京：商务印书馆，1979：165.

⑤ 吴春梅，石绍成. 民主与效率的关系：基于社会治理模式变迁的考察[J]. 江汉论坛，2013(4)：40-44.

⑥ 丁煌. 西方行政学说史：修订版[M]，武汉：武汉大学出版社，2004：306.

似乎假设经济活动是在真空中进行的(实际上所有的人类活动都不可能如此)，然而不可否认的是“社会”始终是经济行动的场域，“交易费用”因而无论如何是难以避免的。① 在这种意义上，要衡量“植树活动”的效益，并不能只看种了几棵树，而应该看所种的树能否为居民在休闲、审美上带来快乐，甚至还需要看种树活动对当地生态的改善程度等。

二、村民参与中民主与效率关系的研究假设

(一)民主与效率的关系

21世纪以来，诸多行政学理论均认为民主与效率可以相互促进。公共价值管理理论认为：“民主与效率是事实上的伙伴关系”②，其中网络治理是实现民主与效率整合的核心机制③。参与治理理论认为，“参与民主”是对代议制民主的弥补，它带来了更多的民主要素；④ 在社区层面上，参与还能够提高公共服务的提供效率。⑤ 合作治理理论认为，合作能够促进“共识导向”的协商⑥，从而提供更好的民主；而“公私伙伴关系”亦成为各国提高公共服务提供效率的“灵丹妙药”。⑦ 本书则认为，在中国的乡村治理

① 罗纳德·科斯. 企业、市场与法律[M]. 盛洪，陈郁，译. 上海：上海人民出版社，2014：28-46.

② Stoker，G. *Public Value Managementand Network Governance：A New Resolution of the Democracy/Efficiency Tradeoff*[R]. Manchester，UK：Institute for Political and Economic Governance，University of Manchester，2004：3.

③ Stoker，G. Public Value Management：A New Narrative for Networked Governance[J]. *American Review of Public Administration*，2006，36(1)：41-57.

④ Fischer，F. Participatory Governance：From Theory to Practice. in David Levi-Faur (ed.) *Oxford Handbook of Governance*[C]. Oxford：Oxford University Press，2012：458.

⑤ Fischer，F. Participatory Governance：From Theory to Practice. in David Levi-Faur (ed.) *Oxford Handbook of Governance*[C]. Oxford：Oxford University Press，2012：460.

⑥ Ansell，C. & A. Gash. Collaborative Governance in Theory and Practice[J]. *Journal of Public Administration Research and Theory*，2008，18(4)：543-571.

⑦ 萨瓦斯. 民营化与公私部门的伙伴关系[M]. 周志忍，译. 北京：中国人民大学出版社，2002.

中，治理民主能够实现民主与效率的整合。在此基础上，本书拟提出以下假设：

H_1：民主与效率之间存在正相关关系。

在假设1的基础上，本书将进一步深入探讨民主与效率内在的作用机制。简言之，民主为何有助于效率的提升？而效率为何又有助于民主的提升？这些探讨将更少哲学思辨色彩，而更具中层理论色彩。

（二）民主对效率的作用机理

根据参与广度的定义，“广度”是由参与的人数定义的。如果参与人数越多，参与广度便越大。中国有句谚语，“众人拾柴火焰高”，说明众人的力量大于个体。在这种意义上，有越多的人参与进来，公共事务的决策或者执行的效率将得到提升。在执行环节，中国的这句谚语应该是没有异议的。在决策环节，参与广度与效率之间的关系则存在争议。达尔曾经说道：“一个民主的单位中，公民人数越多，公民对政府决策的直接参与就少，他们也就越有必要把权力委托给别人。”①这就表明，参与人数越多可能越会影响决策效率。从短期效率来看，这样的判断并没有什么问题。然而公共事业并不是“一次性买卖”，而是一项长期持续投入的事业。因此，需要从长时间段来看待公共参与的决策效率。在这种意义上，广泛的参与能够为决策带来更为充分的偏好显示，这有利于获得更大的决策效益，②从而最终获得更高的效率。因此，本书提出如下假设：

H_2：参与广度越广，村民参与的效率就越高。

参与深度是指人们对公共事务的投入程度。从行为视角来看，可以从参与方式来测量参与深度。一般认为，公共精神是村庄治理得以顺利进行的“软件”。③ 需要说明的是，在利益或立场高度分化的村庄中，如果大家

① 罗伯特·达尔. 论民主[M]. 李柏光，林猛，译. 北京：商务印书馆，1999：118.

② 马克·穆尔. 创造公共价值：政府战略管理[M]. 伍满桂，译. 北京：商务印书馆，2016：73-74.

③ 吴春梅，石绍成. 乡村公共精神：内涵、资源基础与培育[J]. 前沿，2010(7)：131-135.

的参与深度都"很深"，公共事务的效率倒不一定会高。① 帕特南曾对意大利地方民主作了经典研究，他指出社会资本是民主制度运行绩效的关键。② 发达的社会资本有助于人们在公共事务中采取积极而广泛的合作③(参与深度较深)，从而提升正式制度的运行效率。在此基础上，不妨作出如下推断：更深度的参与有助于提升村民参与的效率。本书由此提出以下假设：

H_3：参与深度越深，村民参与的效率就越高。

参与范围是指所参与事务的范围。在现代社会，公民参与的范围不仅限于政治领域，也包括行政领域。如前所述，我国"重大行政事务决策"便要求听取各方意见。公共参与的益处显然在于提供不同方面的信息，从而提高决策的理性程度。④ 除此之外，在中国这样的发展中国家，参与的意义可能还在于"公共性"的建构。正如阿伦特所说的那样：公共"它首先意味着，在公共领域中展现的任何东西都可为人所见、所闻"。⑤ 换言之，公共参与扩大实际上也意味着公共权力运行的透明度在提高。在这种基础上，公共事务决策者会更加审慎决策，从而作出更好的决策。本书由此提出以下假设：

H_4：参与范围越大，村民参与的效率就越高。

参与强度所指涉的实际与参与者的"主体性"相关，这是一个具有高度综合性的变量。这里将以"自我治理"这种高强度的参与为例进行探讨。"主权在民"是现代社会的基本共识，我国亦强调"人民当家作主"。根据

① 贺雪峰，仝志辉. 论村庄社会关联——兼论村庄秩序的社会基础[J]. 中国社会科学，2002(3)：124-134.

② 罗伯特·帕特南. 使民主运转起来[M]. 王列，赖海榕，译. 南昌：江西人民出版社，2001.

③ 罗伯特·帕特南. 使民主运转起来[M]. 王列，赖海榕，译. 南昌：江西人民出版社，2001：203.

④ Stoker，G. *Public Value Managementand Network Governance：A New Resolution of the Democracy/Efficiency Tradeoff*[R]. Manchester，UK：Institute for Political and Economic Governance，University of Manchester，2004.

⑤ 汉娜·阿伦特. 人的条件[M]. 竺乾威，等，译. 上海：上海人民出版社，1999：38.

《村组法》，我国鼓励村民“自我管理、自我教育、自我服务”。正如习近平指出的那样：“尊重人民主体地位，保证人民当家作主，是我们党的一贯主张。”①在这种意义上，参与强度越高，人们利益实现的可能性就越大。即使仅限于工具意义，“自我治理”也蕴含了人们对效率的美好诉求。因为对公共事务来说，“自我治理”意味着成本的内化——对于民主制度而言，这几乎可以说是零成本。综上，在“自我治理”这种高强度的参与中，公共事务的效率非常高。因此，本书提出如下假设：

H_5：参与强度越高，村民参与的效率就越高。

（三）效率对民主的作用机理

总体而言，民主的技术条件在学术史中是甚少被考虑到的问题。20世纪中叶以后，以“公共选择选派”为代表的学者们试图从技术层面揭示民主的挑战，其代表成果是“阿罗不可能定理”②。与此相反，本书则试图探讨有助于民主的技术条件。

“时效”可以简单地理解为特定时间内的工作量。要理解时效对民主的作用，需要对“政治人”或“公共人”进行分析。在政治哲学中，积极投身公共事务被视为人之本质的规定性。③ 即作为“人”，应该积极参与公共事务。然而，现代社会是一种以维持生计所需活动为中心的社会，④ 身处其中的人被这些活动所劳役。在此具体背景下，时效涉及一个很重要的问题，那就是人的注意力是有限的。⑤ 在注意力有限的条件下，人们对公共

---

① 习近平在庆祝中国共产党成立95周年大会上的讲话[N]. 人民日报，2016-07-02.

② 肯尼斯·阿罗. 社会选择与个人价值[M]. 丁建峰，译. 上海：上海人民出版社，2010.

③ 亚里士多德. 政治学[M]. 吴寿彭，译. 北京：商务印书馆，1987：7.

④ 汉娜·阿伦特. 人的条件[M]. 竺乾威，译. 上海：上海人民出版社，1999：35.

⑤ Simon, H. A. *Administrative Behavior: A Study of Decision-making Process in Administrative Organization*(4th ed.)[M]. New York: The Free Press, 1997: 119.

事务的参与实际上是一个认真权衡利弊的过程。即使已经参与到公共事务中，他们仍然希望能够“尽快结束战斗”。因此，“时效”无疑是影响人们参与村庄集体事务的重要因素。在此基础上，本书提出如下假设：

H_6：参与的时效越高，村民参与的民主程度就越高。

投入产出比是参与的“投入”与“产出”之间的比值。塔洛克(Gordon Tullock)对选民投票参与行为曾作出过如下分析：“理性的选民不会为他投出的选票费力去摸清情况。原因很简单：他的选票对其福利的影响微不足道。”①这表明，根据可能的“产出”来衡量自己的“投入”，是普通人的普遍心理。在这种意义上，投出产出比有助于提升村民的参与行为。因此，本书提出以下假设：

H_7：投入产出比越高，村民参与的民主程度就越高。

效益是指参与行为最后产出的有益成效。与抽象的“投入产出比”不一样，效益是比较“实在”的。原因在于，社会成员对其状态是否得到改善会有比较确切的评判。针对村民参与，这种评判在心理层面的直接体现便是“效能感”②。不管怎样，普通人“可能不了解情况，但是他们想要自己的福利”③。因此，让村民“抓住”实实在在的好处，对提升村民参与有着关键作用。就此而言，村民参与的效益越高，就越有可能激发村民积极投身村庄公共事务。本书因此提出以下假设：

H_8：参与的效益越高，村民参与的民主程度就越高。

(四)小结

以上分析表明，民主与效率总体上应该呈正向关系。一般来说，如果

---

① 戈登·塔洛克. 公共选择[M]. 柏克，郑景胜，译. 北京：商务印书馆，2015：27.

② 贺雪峰. 乡村治理的社会基础：转型期乡村社会性质研究[M]. 北京：中国社会科学出版社，2003：55.

③ 戈登·塔洛克. 公共选择[M]. 柏克，郑景胜，译. 北京：商务印书馆，2015：36.

民主与效率诸多构成要素之间正向的关系越多，那么村民参与中民主与效率整合的逻辑基础就越牢固，其操作难度也相应要容易一些。当然，通过理论分析也不难发现：“参与广度”“参与深度”等要素对效率的影响实际上颇为复杂；而“投入产出比”也难以在中层理论层面给出很确切、扎实的论证(该变量较为抽象)。本书将通过定量研究、质性研究等实证方法，力求对这些问题作出令人信服的论证。

三、村民参与中民主与效率的关系模型

通过前面的理论分析，我们知道村民参与中的民主包括参与广度、参与深度、参与范围和参与强度四个要素；村民参与中的效率包括参与时效、投入产出比、参与效益等四个要素。从民主与效率相互影响的关系来看，参与广度、参与深度、参与范围与参与强度应该对效率有正向作用，参与的时效、投入产出比、效益对民主亦应该有正向作用。因此，我们可以建立如下村民参与中民主与效率的关系模型(见图 3-1)。

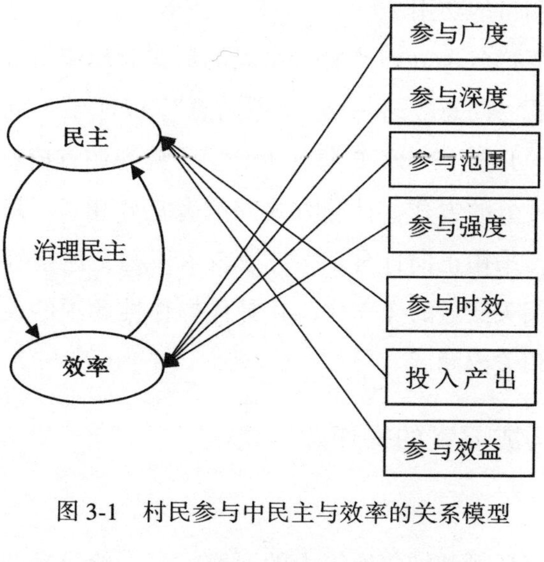

图 3-1　村民参与中民主与效率的关系模型

需要指出的是，上述关系模型的理论预设是治理民主。当然治理民主

并没有能够在以上模型中得到具体的体现，毕竟这里探讨的主要是价值逻辑。本书将在“实证研究设计”部分再进行详细展开(见本章第三节)。具体而言，本书将在“民主”与“效率”的具体测量指标中，渗入治理民主的经验要素，从而使得上述关系模型在更深层面浸染治理民主的逻辑；本书还将在质性研究中，深度分析治理民主的运行机制，并进一步分析这些机制发挥作用的客观条件，从而对民主与效率整合的机理、机制作出较为系统的研究。

第二节　定量研究设计

一、变量的操作化

本书的定量数据收集主要是通过问卷调查来实现的，民主与效率都是高度抽象的概念，在现实的生活中并不容易得到人们的理解，故此需要通过概念的操作化来对它们进行分解，使分解出来的指标贴近日常生活，使之能够具备社会测量的功用。

本书使用李克特(Likert)5点评分量表的形式对相应指标进行测量。评判分为“非常同意”“同意”“不一定”“不同意”与“非常不同意”5个等级，分值分别为5分、4分、3分、2分与1分。为提高调查信息的信度，部分题目采用了反向计分的方式，计分方式同前者正好相反。题号前的“+”表示该题是正指标，采用正向计分；“-”号表示该题是逆指标，采用反向计分。以下是本书相关变量的操作化，在具体操作性题项的设计上，本书注入了治理民主的相关内涵。

(一)民主构成要素的操作化

1. 参与广度

根据科恩、亨廷顿和纳尔逊等人的研究，可以给出参与广度的操作性定义。科恩认为，“广度是数量问题，决定于受政策影响的社会成员中实际或可能参与决策的比率”①。亨廷顿和纳尔逊也认为这是一个数量问题，他们说：“广度，即从事某种政治活动的人的比例。”②根据研究的需要以及调研地的实际状况，本书提出了选举投票参与比例、集体工程参与比例、村民会议参与比例三个参与广度的测量指标，相应的操作性题项如表 3-1 所示。根据前文对治理民主的论述，这三种参与都属于治理民主的范畴。

表 3-1　村民参与广度的测量指标及操作题项

变量	指标	操作性题项
参与广度	选举投票参与比例	A1. 村里在家的 18 岁以上的成年人大部分参加村委会的选举投票
	整修公路出工比例	A2. 村公路路基整修需要每家每户都出义务工，但是只有少部分家庭有人去
	村民会议参与比例	A3. 开村民集体会议需要每家都派一名代表，一般来说，多数的家庭都会有人到场

2. 参与深度

本书同样根据科恩观点得出参与深度的操作性定义。他认为，“深度则是由参与者参与时是否充分，是由参与的性质来确定的”③。根据这一观点，可以依据以参与性质为标准划分的参与形式作为其测量指标。这样的测量是针对参与行为作出的，更具客观性。根据安斯廷④的“参与阶梯理

① 科恩. 论民主[M]. 聂崇信，等，译. 北京：商务印书馆，1988：12.

② 塞缪尔·亨廷顿，琼·纳尔逊. 难以抉择：发展中国家的政治参与[M]. 汪晓寿，等，译. 北京：华夏出版社，1989：12.

③ 科恩. 论民主[M]. 聂崇信，等，译. 北京：商务印书馆，1988：21.

④ Arnstein, S. R. A Ladder of Citizen Participation[J]. *Journal of the American Institute of Planners*, 1969, 35(4): 216-224.

论”，并结合张明澍①、贺雪峰与仝志辉②等人对中国现实情况的研究，可以将参与深度分为村干部主导、宣传教育、讨论政治、自发串联、合作伙伴关系、自主治理六项测量指标，相应的操作性题项如表 3-2 所示。从“讨论政治”开始，相关指标均涉及了治理民主的范畴。

表 3-2　村民参与深度的测量指标及操作题项

变量	指标	操作性题项
参与深度	村干部主导	B1. 需要村民一起商量、一起做的事都是在村干部的组织、发动下进行的
	宣传教育	B2. 村里组织开村民集体会议的主要目的往往都是为了传达上级指示精神
	讨论政治	B3. 几个人聚在一起的时候，我们会私下里谈论村里集体的事情
	自发串联	B4. 村民们会主动组织起来找村干部商量村里事务的解决办法
	合作伙伴关系	B5. 遇到并不需要集体出工的工程项目，村里都会通过公开招标的方式承包给有能力的人去做
	自主治理	B6. 村民热心和积极参与村里事务，实现了“村民当家作主”

3. 参与范围

科恩的观点对参与范围的操作性定义仍然具有一定参考价值，他认为，参与范围取决于“全社会实际参与决定的问题有多少，有多大重要

① 张明澍. 中国“政治人”[M]. 北京：中国社会科学出版社，1994：66.

② 贺雪峰，仝志辉. 民主如何进入乡村社会[J]. 社会科学研究，2000(2)：19-24.

性”。① 不过，由于“重要性”一项可能会与参与强度存在一定的重合，故此省去这一内容。因此，参与范围在村民参与语境中取决于“全体村民实际参与决定的问题有多少”。在此基础上，根据《村组法》对村民自治“四个民主”的规定，本书将参与范围定义为：村民对村干部选举、村庄重要事项决策、集体资源管理、村庄集体事务或村干部监督等事项的直接参与。根据研究的需要与调研地的实际状况，本书拟提出村干部选举、村公路工程决策、村小学工程决策、管理自来水、监督村财务与监督村干部六项指标，相应的操作性题项如表 3-3 所示。这些指标基本涵盖了治理民主的内容。

表 3-3 村民参与范围的测量指标及操作题项

变量	指标	操作性题项
参与范围	村干部选举	C1. 村里 18 岁以上的成年人都有资格参加村干部选举的投票
	村公路工程决策	C2. 村公路要修到哪里，水泥要铺到哪里，这些事都听取了村民的意见
	村小学工程决策	C3. 村小学(包括篮球场等配套设施)如何修建，听取了村民的意见
	监督村财务	C4. 村民能够监督本村资金或集体财产的使用情况
	监督村干部	C5. 村民能够监督村干部的职务行为是否符合规定
	管理自来水	C6. 在发生干旱的时候，村里自来水中水池的供水量没有能够得到统一协调

4. 参与强度

根据亨廷顿和纳尔逊的观点，可以得到参与强度的操作性定义。他们认为，“强度，即该种参与活动影响政治系统的程度和持续性，以及它对

① 科恩. 论民主[M]. 聂崇信，等，译. 北京：商务印书馆，1988：27.

政治系统的重要性”。[①] 从中可见，参与强度包括“程度”“持续性”与“重要性”三个层面的意思。因此，参与强度的操作性定义是：村民参与影响村庄治理系统的程度和持续性，以及村民参与对治理系统的重要性。根据该定义和本研究的需要，这里提出参与强度的测量指标：民意对选举结果的影响程度、村民对重要集体事务的影响程度、村民参与的地位、村民对村公共事务影响的持续性，相应的操作性题项如表 3-4 所示。这些指标都体现了治理民主的基本内涵。

表 3-4　村民参与的强度及其操作题项

变量	指标	操作性题项
参与强度	民意对选举结果的影响程度	D1. 一般情况下，村干部选举结果是尊重多数村民意见的
	村民对重要集体事务的影响程度	D2. 在召开村民集体会议的时候，主要问题是由村民意见决定的
	村民参与的地位	D3. 村民的集体参与在村集体事务的决策与执行等过程中占非常重要的地位
	村民对村公共事务影响的持续性	D4. 自包产到户以来，村民对集体事务的影响整体上是不断提高的

(二)效率构成要素的操作化

在效率构成要素的操作化过程中，本书对应民主量表部分进行了设计。如上所述，民主量表中诸多题项均涉及治理民主的范畴；相应的，效

① 塞缪尔·亨廷顿，琼·纳尔逊. 难以抉择：发展中国家的政治参与[M]. 汪晓寿，等，译，北京：华夏出版社. 1989：12.

率量表也一样。下文对此将不再进行赘述。

1. 参与时效

参与时效是一个较为简单的概念，本书将其定义为：村民所参与事务的运转速度。根据张国庆的研究，时效主要包括反应时间、处理时间的长度及其平均值等。① 根据本研究的需要，这里提出公共参与的组织时间、村民会议时长、公路路基整修工期、村干部反应时间、村干部处理时间五项指标，相应的操作性题项如表 3-5 所示。

表 3-5　村民参与时效的测量指标及其操作性题项

变量	指标	操作性题项
参与时效	组织时间	E1. 这年头要把村民组织起来开展集体活动是很花时间的
	村民会议时长	E2. 村里组织开村民集体会议一般都要浪费很多时间
	公路路基整修工期	E3. 村公路路基整修工程的完工时间比计划的要晚
	村干部反应时间	E4. 村干部对村民的意见反映很快，很及时
	村干部处理时间	E5. 如果有公事需要找村干部，他们一般都会办得比较快

2. 投入产出比

根据经济学对投入产出比的经典定义，以及行政学研究对不可量化因素的考虑，本书将村民参与中的投入产出比定义为：村民参与活动中所投入成本与产出的比值，其中的成本与产出的衡量并不完全以货币为标准。在最简单的意义上，本书将中国民间的“划算”也视为投入产出比。根据周志忍的研究，投入产出比的衡量指标主要包括成本与效益的比值，除此之

① 张国庆. 行政管理学概论：第 2 版［M］. 北京：北京大学出版社，2000：369-370.

外，单位成本、产出量、个案处理数目、完成的工作量与计划的差异等也很重要。① 根据研究的需要，本书从中抽取如下指标：选举的投入产出比、村民会议的投入产出比、村小学的成本、村公路的成本、村小学成本与质量的相称度以及村公路质量与成本的相称度等六项指标。相应的操作性题项如表 3-6 所示。

表 3-6 村民参与中投入产出比的测量指标及操作题项

变量	指标	操作性题项
投入产出比	选举的投入产出比	F1. 村委会选举虽然耗费了一定的人力、财力和物力，但从选举结果看，这些付出还是挺划算的
	村民会议的投入产出比	F2. 村集体事务决策虽然耗费了一定的人力、财力和物力，但从决策结果看，这些付出还是挺划算的
	村小学的成本	F3. 按市场价格来看，修建村小学还是花了很多钱的
	村公路的成本	F4. 村小学的工程质量和所耗费的财力是相称的
	村小学成本与质量的相称度	F5. 按市场价格来看，修建村公路还是花了很多钱的
	村公路质量与成本的相称度	F6. 村公路的工程质量和所耗费的财力是相称的

3. 参与效益

学术界对效益的看法存在较大的一致性，它是指事物状况的正向改变程度。② 在此基础上，本书将参与效益定义为：村民所参与事务中相关对象与之前相比的改善程度。根据本书研究的需要，这里提出以下几项参与

① 周志忍. 公共性与行政效率研究[J]. 中国行政管理，2000(4)：41-45.

② 陈振明. 公共管理学：一种不同于传统行政学的研究途径：第 2 版[M]. 北京：中国人民大学出版社，2003：267.

效益的测量指标，主要包括：村干部素质、村民会议决策质量、村干部职务行为、集体资金、村公路硬化工程、村小学工程以及自来水的管理等。相应的操作性题项如表 3-7 所示。

表 3-7　村民参与效益的测量指标及其操作性题项

变量	指标	操作性题项
参与效益	村干部素质	G1. 选举产生的村干部素质越来越高
	村民会议决策质量	G2. 村民集体会议通过的决定质量越来越高
	村干部职务行为	C3. 自包产到户以来，村干部的职务行为整体上越来越符合有关规定
	集体资金	C4. 自包产到户以来，村里资金或集体财产的使用状况整体上越来越好
	村公路硬化工程	G5. 村公路的硬化，和之前相比，给村民的生活带来了很大的方便
	村小学工程	G6. 村小学的重新修建，和之前相比，给孩子们提供了更好的学习环境
	自来水的管理	G7. 由于良好的管理，自来水的使用没有导致村民之间的纠纷，大家用水用得更顺心了

二、数据获取

本书定量数据从湘西自治州乾村获取。① 乾村位于湖南省湘西自治州

① 根据出版规范和学术惯例，具体调研地及其所属县乡、相关人物等名称进行化名处理。

凤林县清水镇。清水镇东临吉首市，南接凤凰县，是一个苗族聚居的乡镇。截至2010年，乾村共有村民746人，共145户，分布在上、中、下寨3个村民小组之中。村民90%以上为苗族，大姓为龙、麻和石等。乾村2009年的人均纯收入为2542.2元，与湘西州2857.6元的人均纯收入相差不大。① 在“新农村建设”下，乾村的村公路、自来水、村小学等基础设施建设得到了较快的发展，与湘西州整体状况相近。由此可见，乾村村治在湘西自治州具有一定的典型性。

笔者于2010年7—8月进入乾村进行问卷调查，本次调查采取分层随机抽样的方式，向3个村民小组(基本与自然村的边界重合)发放问卷250份。按照各个小组人口总量的比例，向3个小组分别发放了100份、80份和70份问卷。最后回收有效问卷225份，回收率为90%。访问对象为18～70岁的成年人，70岁以上的老人由于大部分不理事，故此访问量较少，只选取了几位在村中威望较高、思维清晰的老人进行个案访谈。

受访者的基本信息见表3-8。男女比例在构成上接近6：4，基本平衡；在年龄构成上以中老年人为主(41～55岁占42.2%，56～70岁占28.4%)，原因在于年轻人大部分外出打工，在家的多以已婚中老年人为主；从学历上看，大部分人学历层次不高，中专及高中以上人数仅占11.1%，这表明该区域教育发展水平较为滞后，人员文化水平较低；被访者亲兄弟、堂兄弟的平均数量为3.09个；被访者大多数是普通农民，一生未从事过其他行业，其中有20.9%的人当过村组干部，他们接触过较多村庄政治事务；大部分(52.9%)被访者家庭基本“吃穿不愁”，人均纯收入一年为1001～3000元。

① 吴春梅，石绍成. 民主与效率：冲突抑或协调——基于湘西乾村村庄治理实践的实证分析[J]. 中国农村观察，2011(3)：13-23.

表 3-8　被访者基本信息

		频次(人)	百分比
性别	男	136	60.4%
	女	89	39.6%
年龄	18~30 岁	24	10.7%
	31~40 岁	42	18.7%
	41~55 岁	95	42.2%
	56~70 岁	64	28.4%
受教育程度	小学以下	83	36.9%
	小学	70	31.1%
	初中	47	20.9%
	中专	15	6.7%
	高中及以上	10	4.4%
职业经历	国家机关、国有企事业单位工作人员	4	1.8%
	村组干部	47	20.9%
	军人	4	1.8%
	个体经营户	24	10.7%
	普通农民	146	64.9%
	其他	0	0.0%
人均纯收入	1000 元以下	20	8.9%
	1001~3000 元	119	52.9%
	3001~5000 元	79	35.1%
	5001~10000 元	5	2.2%
	10001 元以上	2	0.9%

三、信度与效度分析

从参与广度、参与深度、参与范围与参与强度四个维度去衡量村民参与的民主程度应该是没有问题的；从村民参与的时效、投入产出比与参与效益三个维度去衡量参与效率也应该没有问题。在将这些变量进行操作化的过程中，本书提出了几十项测量指标。这里的问题是：这七个变量能否被更精确的概念替代？① 或者说，新产生的几十项测量指标是否能整合到新的概念中去？为解决该问题，本书引入了因子分析的方法。

（一）信度分析

信度又叫“可靠性”，是指测量的可信程度。本书在信度检定方法上是采用统计系数值来衡量同一概念下各项目的内在一致性程度，常用的检验方法为 Cronbach's Alpha 系数法。学界一般认为，0.70 是 a 系数值的下限值。② 在实际操作层面，一份信度系数好的量表或问卷，其 a 系数最好在 0.8 以上，0.70~0.80 还算是可以接受；分量表最好在 0.70 以上，0.60~0.70，可以接受。③

通过对民主分量表的信度分析可以发现，其总体的 Cronbach's Alpha 值为 0.751，通过表 3-9 可以发现，所有指标的 Cronbach's Alpha 值也均大于 0.7，表明该量表的内部一致性良好，具有适用性。

表 3-9　民主量表的信度分析

	项已删除的刻度均值	项已删除的刻度方差值	校正的项总计相关性	项已删除的 Cronbach's Alpha 值
投票参与比例	56.4356	44.345	0.255	0.745
义务出工比例	56.3422	44.771	0.240	0.746

① 李沛良. 社会研究的统计应用：第 2 版［M］. 北京：社会科学文献出版社，2001：339.

② Devellis，R. F.，*Scale Development Theory and Application*［M］. London：SAGE，1991.

③ 范柏乃，蓝志勇. 公共管理研究与定量分析方法［M］. 北京：科学出版社，2013：36.

续表

	项已删除的刻度均值	项已删除的刻度方差值	校正的项总计相关性	项已删除的 Cronbach's Alpha 值
参加村民会议比例	56.5733	43.228	0.350	0.739
村干部主导	58.2667	48.750	-0.215	0.780
宣传教育	58.1822	48.668	-0.215	0.777
议论政治	56.8800	47.579	-0.119	0.778
自发串联	56.9956	43.585	0.227	0.748
合作伙伴关系	57.8444	40.346	0.534	0.723
自主治理	57.8844	41.094	0.458	0.729
参与投票选举	56.1911	44.887	0.162	0.751
参与村公路工程决策	56.6844	40.842	0.517	0.725
参与村小学工程决策	57.3200	39.326	0.532	0.720
监督集体财务	58.0044	40.344	0.542	0.722
监督村干部	57.7822	39.618	0.551	0.720
自主管理集体资源	57.8133	45.027	0.081	0.761
决定当选者	57.2933	38.940	0.605	0.714
决定主要问题	57.4178	39.432	0.601	0.716
参与行为地位	57.3156	40.083	0.558	0.721
影响持续时间	57.4133	40.485	0.495	0.725

通过对整个效率分量表的信度分析可以发现，其总体的 Cronbach's Alpha 值为 0.758，通过表 3-10 可以发现，所有指标的 Cronbach's Alpha 值也均大于 0.7，表明该量表同样具有良好的内部一致性。

表 3-10　效率量表的信度分析

	项已删除的刻度均值	项已删除的刻度方差值	校正的项总计相关性	项已删除的 Cronbach's Alpha 值
组织时间	53.4489	40.918	0.087	0.767
决策时间	53.0178	39.607	0.195	0.759
项目工期	53.3111	42.831	-0.086	0.779
反应速度	52.6222	37.236	0.543	0.732
个案处理速度	52.6711	36.873	0.566	0.730
管理效益	53.1600	37.403	0.356	0.746
资金使用状况	53.4711	35.866	0.537	0.729
学校效益	52.2133	38.365	0.506	0.738
村公路效益	52.1111	39.947	0.326	0.749
选举投入产出比	52.7556	36.337	0.584	0.727
决策质量	52.9111	35.063	0.665	0.718
村干部行为	53.1200	34.999	0.684	0.717
村干部素质	53.0089	34.821	0.581	0.723
决策投入产出比	52.6667	37.777	0.401	0.742
村公路工程质量	52.8489	39.602	0.208	0.758
学校工程成本	53.5911	43.823	-0.182	0.783
学校工程质量	53.5911	38.850	0.271	0.753
村公路工程成本	53.5956	43.099	-0.109	0.777

（二）效度分析

问卷效度是指测量的有效性，即测量结果所能代表要测量的心理特质的程度，或测验结果达到测验目的的程度。效度主要包括内容效度和结构效度。内容效度也称表面效度或逻辑效度，如果测量的内容涵盖研究计划所要探讨的内容，则可以说具有良好的内容效度。本书采用的量表是在广泛研究了相关文献的基础上制定的，因此可以认为所用量表具有较好的内容效度。结构效度主要是用来衡量量表是否可以真正测量出所要测量的变量，通常用因子分析的方法来检验问卷的结构效度。

(1)参与广度。参与广度通过主成分分析法(Principal components analysis)分析后可知(见表3-11)：KOM抽样适度测定值(Kaiser-Meyer-Olkin Measure of Sampling Adequacy)为0.648>0.6，Bartlett球体检验的近似卡方值(Approx. chi-square)为56.342，自由度df=3，显著性水平sig=0.000<0.01，表明比较适合做因子分析。仅抽取一个因子，该因子的方差贡献率为67.881%，且因子载荷较高，表明因子的解释效果较好。

表3-11 参与广度的因子矩阵

	成分
	参与广度因子
A1. 投票参与比例	0.884
A2. 义务出工比例	0.803
A3. 参加村民会议比例	0.781
方差贡献率	67.881
提取方法：主成分分析法。	

(2)参与深度。参与深度通过主成分分析法和方差最大旋转法(Varimax)分析后可知(见表3-12)：Bartlett球体检验的近似卡方值为265.328，自由度df=15，显著性水平sig=0.000<0.01，表明可以考虑因子分析，KOM抽样适度测定值为0.500<0.6，表明因子分析的结果也许不能接受。共提取了3个因子，这3个因子的累积方差贡献率达78.800%，因子的载荷较高，表明对参与深度的解释效果较好。第一个因子基本支配了B5和B6这两个指标，我们将其称为完全型参与因子。完全型参与表明村委会与村民关系密切，村民自主治理，村民的公民资格意识成熟，参与

意识和能力大幅度提高。① 第二个因子基本支配了 B1 和 B2 这两个指标，本书将其称为村干部支配型参与因子。村干部支配型参与表明政治民主化水平较低，村干部起绝对支配作用。② 第三个因子基本支配了 B3 和 B4 这两个指标，本书将其称为制度外自发型参与因子。制度外自发型参与概念想表达的是，这类型的参与是村民(群众)自发的参与，他们不是被动的，不过这种参与是制度外的、非正式的，它们的作用尚不是特别清晰。

表 3-12　参与深度的因子矩阵

	成分		
	完全型参与因子	干部主导型参与因子	制度外自发型参与因子
B1. 村干部主导	0. 021	0. 878	−0. 118
B2. 宣传教育	−0. 018	0. 882	0. 019
B3. 议论政治	−0. 124	0. 138	0. 826
B4. 自发串联	0. 104	−0. 272	0. 712
B5. 合作伙伴关系	0. 916	0. 028	−0. 080
B6. 自主治理	0. 908	−0. 029	0. 050
方差贡献率	28. 184	27. 405	20. 211
提取方法：主成分分析法。旋转法：具有 Kaiser 标准化的正交旋转法。			

(3)参与范围。参与范围通过主成分分析法和方差最大旋转法分析后可知(见表 3-13)：KOM 抽样适度测定值为 0. 618>0. 6，Bartlett 球体检验的近似卡方值为 290. 883，自由度 df = 15，显著性水平 sig = 0. 000<0. 01，表

① 这里的解释参照了孙柏瑛对完全型参与的解释，不过为了能更好地反映农村的基本情况，本书在指标选择以及定义上作了适当的改动。请参见孙柏瑛. 公民参与形式的类型及其适用性分析[J]. 中国人民大学学报，2005(5)：124-129.

② 此处同样参照孙柏瑛的上述解释，本书在定义与概念上稍作改变。

明比较适合做因子分析。共提取了两个因子，这两个因子累积的方差贡献率为60.521%，除了C1的载荷为0.456①，稍低外，其余因子的载荷较高，表明解释效果尚可。第一个因子支配了C1、C2和C3这三个指标，这些事务在乾村属于“极端重要”的集体事务，它们直接涉及村干部们的合法性问题，因此将该因子称为政治事务因子。第二个因子支配了C4、C5和C6这三个指标，它们虽然也比较重要，但是它们尚未达到“极端重要”的程度，因为它们尚未直接涉及村干部们的合法性。② 因此，本书将该因子称为日常事务因子。

表3-13　参与范围因子矩阵

	成分	
	政治事务因子	日常事务因子
C1. 参与投票选举	0.456	-0.016
C2. 参与村公路工程决策	0.842	0.155
C3. 参与村小学工程决策	0.771	0.178
C4. 监督集体财务	0.338	0.754
C5. 监督村干部	0.281	0.816
C6. 管理村自来水	-0.344	0.719
方差贡献率	38.555	21.965
提取方法：主成分分析法。旋转法：具有Kaiser标准化的正交旋转法。		

① 在样本量较大的时候，只要载荷大于0.3即可保留，由于该载荷比0.3大出了约0.16，差值较为显著，故此保留。参见李沛良. 社会研究的统计应用：第2版[M]. 北京：社会科学文献出版社，2001：339.

② 如果按照传统行政学的分类方法，第一个因子大致属于“政治”的范围，第二个因子大致属于“行政”的范围。从日常用语方面考虑，这两个概念组合使用在农村的治理之中并不太适合。故此选用了“政治事务”和“日常事务”这两个概念。

(4)参与强度。参与强度通过主成分分析法分析后可知(见表3-14)：KOM抽样适度测定值为0.815>0.6，Bartlett球体检验的显著性水平的近似卡方值(Approx. chi-square)为423.359，自由度df=6，显著性水平sig=0.000<0.01，表明比较适合做因子分析。仅抽取1个因子，该因子的方差贡献率为78.847%，且因子载荷较高，表明解释效果良好。

表3-14　参与强度因子矩阵

	成分
	参与强度因子
D1. 决定当选者	0.846
D2. 决定主要问题	0.879
D3. 参与行为地位	0.876
D4. 影响持续时间	0.761
方差贡献率	78.847
提取方法：主成分分析法。	

(5)参与时效。参与时效通过主成分分析法和方差最大旋转法分析后可知(见表3-15)：Bartlett球体检验的近似卡方值为156.461，自由度df=10，显著性水平sig =0.000 <0.01，表明可以考虑做因子分析。KOM抽样适度测定值为0.523<0.6，表明因子分析的结果也许不能接受。共提取了两个因子，这两个因子累积的方差贡献率为61.736%，各因子的载荷较高，表明解释效果尚可。第一个因子支配了E4和E5这两个指标，由于它们都跟村干部在公共参与行动中办事的快慢有关，因而可将该因子称为村干部行动速度因子。第二个因子支配了E1、E2和E3这三个指标，由于它们基本贯穿了村民参与的基本过程，因而本书将它们称为公共参与运作速度因子。

表 3-15　参与时效因子矩阵

	成份	
	村干部行动速度因子	公共参与运作速度因子
E1. 组织时间	-0. 146	0. 771
E2. 决策时间	0. 171	0. 741
E3. 项目工期	-0. 068	0. 516
E4. 村干部反应速度	0. 900	-0. 027
E5. 村干部个案处理速度	0. 901	-0. 038
方差贡献率	33. 353	28. 240
提取方法：主成分分析法。旋转法：具有 Kaiser 标准化的正交旋转法。		

(5)投入产出比。参与投入产出比通过主成分分析法和方差最大旋转法分析后可知(见表 3-16)：KOM 抽样适度测定值为 0. 584，Bartlett 球体检验的近似卡方值为 364. 140，自由度 df=15，显著性水平 sig=0. 000<0. 01，表明基本可以进行因子分析。共提取了两个因子，这两个因子累积的方差贡献率为 62. 876%，各因子的载荷较高，表明解释效果尚可。第一个因子支配了 F3 和 F5 这两个指标，它们显然都与集体工程成本相关，因而称之为集体工程成本因子。第二个因子支配了 F1 和 F2 这两个指标，由于选举活动与重大事项决策活动都属于比较严格意义上的政治活动，因而称之为政治活动投入产出比因子。需要指出的是，从图 3-2 来看，F4 和 F6 虽然更为靠近政治活动投入产出比因子，但是这两个的因子载荷量都较小。其中 F6 的载荷量为 0. 035，因远小于 0. 3 而直接从该因子中删除。F4 由于载荷量本身不大，再加上它本来应属于“集体工程质量因子”——不过由于村民参与程度的差异，两者在质量上的差距较大，从而削弱了它们的相关性，导致“集体工程质量因子”没法抽取出来。基于这两方面的考虑，本研究也将 F4 从政治活动投入产出比因子中删除。

表 3-16　参与投入产出比矩阵

	成分	
	集体工程成本因子	政治活动投入产出比因子
F1. 选举投入产出比	-0. 050	0. 899
F2. 决策投入产出比	-0. 090	0. 863
F3. 学校工程成本	0. 875	-0. 035
F4. 学校工程质量	-0. 557	0. 316
F5. 村公路工程成本	0. 893	-0. 004
F6. 村公路工程质量	-0. 482	0. 035
方差贡献率	35. 287	27. 588
提取方法：主成分分析法。旋转法：具有 Kaiser 标准化的正交旋转法。		

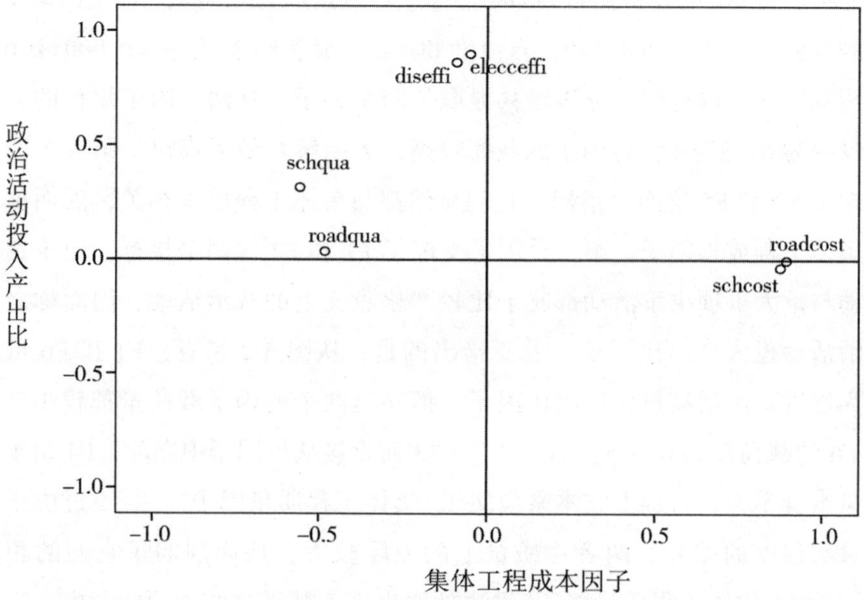

图 3-2　旋转空间中的成分图

(6)参与效益。参与效益通过主成分分析法和方差最大旋转法分析后可知(见表3-17):KOM抽样适度测定值为0.783>0.6，Bartlett球体检验的近似卡方值为686.761，自由度df=21，显著性水平sig=0.000<0.01，表明比较适合做因子分析。共提取了两个因子，这两个因子累积的方差贡献率为68.539%，各因子的载荷较高，表明解释效果尚可。第一个因子支配了G1、G2、G3和G4这四个指标，由于它们在要素构成上都属于参与体系改善的范畴，该因子因而可以称为参与体系自身改善。第二个因子支配了G5和G6这两个指标，由于学校与村公路均属于村庄公共工程的范畴，因而称其为集体工程效益因子。另外，G7的荷载小于0.3，故删去。

表3-17 参与效益因子矩阵

	成分	
	参与体系自身改善因子	公共工程效益因子
G1. 村干部素质	0.832	0.083
G2. 决策质量	0.850	0.199
G3. 村干部行为	0.858	0.203
G4. 资金使用状况	0.805	0.026
G5. 村公路效益	0.025	0.915
G6. 学校效益	0.301	0.838
G7. 管理效益	0.468	0.246
方差贡献率	—	—
提取方法：主成分分析法。旋转法：具有Kaiser标准化的正交旋转法。		

第三节 质性研究设计

在中层理论看来，所有理论都是情境化的。质性研究有助于进一步发现因果机制的作用边界，从而提高结论的稳健性。当然质性研究也能用于理论验证，本书将用比较历史分析法来进一步验证治理民主理论。

一、比较历史分析

“比较历史分析”在历史制度主义学派中声名大噪，其突出成果包括摩尔(Barrington Moore)的《民主与专制的社会起源》①、斯考切波(Theda Skocpol)的《国家与社会革命——对法国、俄国和中国的比较分析》②等。该方法实际上是比较分析(跨案例分析)与历史分析(历时性分析)的综合。③ 下文将对比较历史分析的逻辑作出分析。

1. 比较分析

一般而言，质性研究包括单案例研究与跨案例研究两种。较之单案例研究，跨案例研究更加强调的是“复制法则”，比如，不同的案例产生的相同结果。④ 这使得跨案例研究有了颇为迷人的地方——什么原因导致这些相同结果。这一追问使得跨案例肩负起了科学研究的使命，即探索或验证客观世界中的稳定因果机制。因果机制是指，“从自变量 X 到因变量 Y 的路径”⑤，而不只是因果关系。在通俗意义上，在一项研究中实施跨案例研究的方法便是“比较”方法。⑥ 因此，本书称这种方法为“比较方法”。

作为一种科学研究方法，比较分析能够有效弥补量化研究的不足。在

---

① 巴林顿·摩尔. 民主与专制的社会起源[M]. 拓夫，译. 北京：华夏出版社，1988.

② 西达·斯考切波. 国家与社会革命——对法国、俄国和中国的比较分析[M]. 何俊志，等，译. 上海：上海人民出版社，2007.

③ 约翰·吉尔林. 案例研究：原理与实践[M]. 黄海涛，等，译. 重庆：重庆大学出版社，2017：21.

④ 罗伯特·殷. 案例研究：设计与方法[M]. 周海涛，等，译. 重庆：重庆大学出版社，2010：62.

⑤ 约翰·吉尔林. 案例研究：原理与实践[M]. 黄海涛，等，译. 重庆：重庆大学出版社，2017：34.

⑥ 约翰·吉尔林. 案例研究：原理与实践[M]. 黄海涛，等，译. 重庆：重庆大学出版社，2017：22.

大样本的量化研究中，它们通常“只考虑检验少量假设”①。本书将用定量研究方法来检验前述 7 个理论假设。然而，量化研究并不足以直接呈现出治理民主的全部运行机理。正如“定量研究设计”部分所呈现的，因子分析提取出的因子与治理民主并无直接关联——尽管题项设计渗透着治理民主的因素。比较分析能够有效弥补量化研究的不足，它被“恰如其分地鉴定为‘整体’研究，并对事件进行‘密集的’描述”②。换言之，比较分析实际上能够提供全面、完整的信息。这对弥补上述量化研究的不足是至关重要的。

在操作层面，比较分析在案例的选取上需要遵循一定的差异性原则。也就是说，不能研究单一的对象或现象，需要尽可能地“多元化”。其背后的原因并不难理解：如果这些不同现象均能用同一种理论解释，那么该理论才具有稳健性。罗伯特·殷(Robert K. Yin)将这种操作规则称为“理论复制”(theoretical replication)。③ 本书将选取乾村几个不同层面的村庄治理案例，通过深入的描述与分析来展示治理民主的内在“鲜活的”因果机制。

2. 历史分析

确切地讲，这里的历史分析应是“历时性分析”。本书并不准备将这里的“历史分析”纳入历史学的范畴。一般而言，正式组织代表了人类对“永恒”的追求，很多学术作品也想象官僚制是永远稳定高效的。然而，村庄治理并不是完全“被计划”的——它处于不断的变化中。对于质性研究而言，“历时性”维度有助于为我们提供更多的经验证据，④ 这有助于直接提高相关论证的稳健性。特别是有助于更好地发现或验证事物的条件机制。

① 约翰·吉尔林. 案例研究：原理与实践[M]. 黄海涛，等，译. 重庆：重庆大学出版社，2017：32.

② 约翰·吉尔林. 案例研究：原理与实践[M]. 黄海涛，等，译. 重庆：重庆大学出版社，2017：38.

③ 罗伯特·殷. 案例研究：设计与方法[M]. 周海涛，等，译. 重庆：重庆大学出版社，2010：62.

④ 约翰·吉尔林. 案例研究：原理与实践[M]. 黄海涛，等，译. 重庆：重庆大学出版社，2017：22.

如上所述，这非常符合中层理论的基本理念。

对于本书而言，历史分析还有着格外的意义。“治理有效”无疑是很新的政策目标，但本书前期材料并没有延伸至乡村振兴时代。如果单靠这些资料来论证“治理有效”，在证据上显然是缺乏说服力的。本书通过引入乾村最新的经验资料，无疑有助于激活前期研究中对治理民主的关注，并赋予其更强的时代意义。因此，历史分析能够提升本书论证的有效性。

3. 当“比较”遇上“历史”

以上对比较历史分析的基本原理进行了阐述。在当代学界，比较历史分析被视为历史政治学的核心方法。“比较历史分析”概念出自马洪尼(James Mahoney)与鲁施迈耶(Dietrich Rueschemeyer)合编的《社会科学中的比较历史分析》①一书。一般认为，比较历史分析关注的是宏观问题，如革命、社会转型等。② 本书在运用该方法时，则将其置于村庄微观场域中，而不探讨宏观问题。另外，比较历史分析也非常关注时间序列问题。③ 本书虽然会采用“历史”作为叙事方式，但是并不会将时间视为因果机制。

对此，本书认同，当然也将采用比较历史分析的一个通行原则，即对因果效应(casual effect)的重视。④ 在上文中，本书曾使用了“因果机制”这样的说法，实际上“机制”分析对研究深度有相当高的要求。本书也不一定能够达到。在比较历史分析中，学者们通常探讨的是变量间的逻辑关系，即探讨变量 A 是否为变量 B 的充分必要条件。⑤ 需要说明的是，对变量间充分必要条件的探讨是“定性比较分析”(Qualitative Comparative Analysis,

---

① Mahoney, J. & D. Rueschemeyer (eds.), *Comparative Historical Analysis in the Social Science*[M]. New York: Cambridge University Press, 2003.

② 黄杰. 当政治遇上历史：比较历史分析方法(CHA)介绍[J]. 政治学研究，2020(1)：112-123.

③ 黄杰. 当政治遇上历史：比较历史分析方法(CHA)介绍[J]. 政治学研究，2020(1)：112-123.

④ 黄杰. 当政治遇上历史：比较历史分析方法(CHA)介绍[J]. 政治学研究，2020(1)：112-123.

⑤ 黄杰. 当政治遇上历史：比较历史分析方法(CHA)介绍[J]. 政治学研究，2020(1)：112-123.

QCA)的核心——这种方法在国内公共管理等学科中的运用已经很普遍。①

二、资料及其有效性

如前所述，本项目最早于2010年7—8月开始收集乾村信息。在此后大约10年的时间里，笔者对乾村进行了连续的跟踪调查。其政策跨度从“新农村建设”到“乡村振兴”，在这期间，乾村不少公共事务都出现了明显变化。这些变化对验证治理民主理论提供了难得的经验证据。本项研究主要通过观察法、访谈法与文献法(档案与文件)系统获取乾村村庄治理的资料，它们对真实再现乾村村庄治理的变迁至关重要。

1.“入场”准备

在社会科学研究中，“价值无涉”被视为重要的“入场”预设。吉尔林(John Gerry)认为，“证据极少会不言自明”，因而“所有的数据都需要进行诠释”。② 也正如布洛维(Micheal Burawoy)指出的那样：“研究者可以大胆放弃‘无偏性’的声称，因为即使是最消极的观察者也会掀起令人瞩目的波涛，而一种社会秩序正是通过它对外在压力的反应而展现出来的。”③

本书将综合运用文件、访谈、直接观察、参与观察与实物五种证据(具体见表3-18)来进行案例部分的写作。这些证据资料来源多样，且能够相互印证，从而形成“证据三角形”④。“证据三角形”能够有效地提升研究资料的信度与效度，也有助于提升研究设计的结构效度。⑤

---

① 《公共行政评论》的编委会成员认为，该方法在国内可能有滥用的嫌疑。参见肖滨，刘军强，牛美丽.《公共行政评论》2020年年度总结[J]. 公共行政评论，2020(6)：216-222.

② 约翰·吉尔林. 案例研究：原理与实践[M]. 黄海涛，等，译. 重庆：重庆大学出版社，2017：52.

③ 转引自狄金华. 被困的治理：河镇的复合治理与农户策略(1980—2009)[M]. 北京：三联书店，2015：44.

④ Patton, M. Q. *Qualitative Reseach and Evaluation Mathods* (3rd ed.) [M]. Thousand Oaks, CA: Sage, 2002.

⑤ 罗伯特·殷. 案例研究：设计与方法[M]. 周海涛，等，译. 重庆：重庆大学出版社，2010：125.

表 3-18　质性研究部分的资料来源(2011—2020)

序号	证据类型	证据来源
1	文件	网络搜索、村委会
2	访谈	对村干部、村庄能人、普通村民的访谈
3	直接观察	作为“局外人”进行观察
4	参与性观察	参与到具体的村庄集体事务之中，并观察实际情况
5	实物	如村公路等基础设施

2. 案例选择

根据本书第二章中“治理民主的运行逻辑”内容，治理民主的核心机制是“可治理的民主”，其运行效果则是“有效治理”(见图 3-3)。具体而言，“可治理的民主”的建构遵循两种不同的路径：在以自然村为代表的自然组织中，利益与关系等内生秩序推动了民主有效的“自我治理”；在以行政村为代表的正式组织中，公共选择程序(村民大会)与领导者(村干部)分别提供了协商共识与执行力等建制秩序，从而推动了民主有效的“村民自治”。

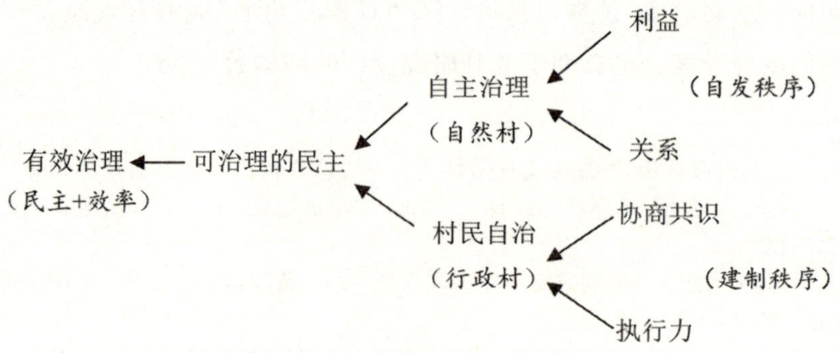

图 3-3　治理民主的运行逻辑

为了验证治理民主的运行逻辑，本研究将选择乾村“自来水”“水电站”“山林保护”三个案例来开展论证。这三个案例都不一样：其中自来水涉及

“公共池塘资源”①；水电站涉及村集体资源纠纷；山林保护则涉及保护个人财产②的联合。这符合跨案例研究的案例选择的“差异复制”原则。这三个案例在乾村的村治中都有着近40年的历史，它们呈现了村庄治理的诸多变化细节。这些变化客观上要求本研究对治理民主作出更加审慎的思考，而不是武断地作出论断。本研究将细致地呈现这三个案例的历时变迁，并在此基础上对它们进行比较分析，以验证治理民主的运行机制及其条件保障，从而最终完成对治理民主理论的验证。

① 埃莉诺·奥斯特罗姆. 公共事物的治理之道[M]. 余逊达，陈旭东，译. 上海：上海三联书店，2000：48.

② 与耕地一样，乾村村集体林地也实施家庭承包制。

第四章　村民参与中的民主与效率：基于乾村的量化分析

总的来看，乾村村民参与的民主与效率状况呈现出“被动与低效”的状态，这并不是村民自治的理想状态。在此基础上，本书运用结构方程模型对民主与效率关系进行了验证。量化研究的结果表明，民主与效率两者呈正向关系。这为治理民主的建构提供了理论基础。

第一节　村民参与的民主与效率状况

一、村民参与的民主状况

乾村村民参与的广度较大，也就是说，其村庄公共事务的参与率较高。然而其参与深度还不够——村民积极主动参与村庄集体事务，并在其中发挥应有影响力的参与行为并不多。从参与范围上看，村民参与的可能性会随着事务重要性(规范意义上而非现实意义上)的加大而增加；村民参与的强度总体水平一般。

(一)村庄事务的参与广度

乾村村民参与的广度较大，即村庄公共事务参与者占村民的比例比较高。从表 4-1 可以看到，投票参与和义务出工的均值都相当高，分别达到了 4.04 和 4.13，只是村民会议参与得分稍微低一些。对此，本研究拟拿出得分稍低的村民会议状况对其内部数据结构进行更细致的频次描述。从

表4-2可以发现，其中分别有69.8%和13.3%的被访者对“开村民集体会议需要每家都派一个代表，一般来说，多数的家庭都会有人到场”的观点表示“同意”和“非常同意”，也就是说，认为多数家庭都会有人参加村民会议被访者的累积百分比达到了83.1%。由此可见，虽然村民会议参与得分最低，但是村民参与到“村民会议”中的比例还是很高的。

表4-1　村民参与的广度

	N	极小值	极大值	均值	标准差
投票参与	225	1.00	5.00	4.0444	0.63932
义务出工	225	2.00	5.00	4.1378	0.56981
村民会议参与	225	1.00	5.00	3.9067	0.69770

表4-2　开村民集体会议需要每家都派一个代表，一般来说，多数的家庭都会有人到场

同意程度	频率	百分比	有效百分比	累计百分比
非常不同意	2	0.9	0.9	0.9
不同意	9	4.0	4.0	4.9
不一定	27	12.0	12.0	16.9
同意	157	69.8	69.8	86.7
非常同意	30	13.3	13.3	100.0

（二）村庄事务的参与深度

乾村村民参与度并不深，即村民积极主动地参与村庄集体事务，并在其中发挥应有影响力的公共参与行为并不多。需要注意的是，乾村村民的“参与深度”在结构上是存在差异的。具体而言，乾村村庄集体事务的参与深度如下(见表 4-3)：

表 4-3 村民参与的深度

	N	极小值	极大值	均值	标准差
村干部主导	225	1.00	5.00	2.2133	0.84452
宣传教育	225	1.00	5.00	2.2978	0.78219
讨论政治	225	1.00	5.00	3.6000	0.95431
自发串联	225	1.00	5.00	3.4844	0.86653
合作伙伴关系	225	1.00	5.00	2.6356	0.86115
自主治理	225	1.00	5.00	2.5956	0.86653

第一，干部主导和宣传教育得分均值较低(题项为反向赋分)，分别为 2.21 和 2.30。这表明在乾村的村民参与中，有较大部分是由村干部主导或者为了达到宣传教育的目的组织的。根据调查的统计数据：有累计 82.7%的被访者认为，村里的集体参与行为是由村干部主导的；有累计 76.0%的被访者认为，组织村民集体会议的主要目的是传达上级指示精神。

第二，讨论政治和自发串联得分稍高，分别为 3.60 和 3.48。“讨论政治”是指“人们作为同事、作为朋友在完全非正式的生活场合中议论或者谈论政治”；① “自发串联”是指为了采取共同的行动而自发进行的联系活动，它一般不通过正式的村民自治组织体系采取行动。② 根据调查的统计数据：有累计 62.3%的被访者表示，自己会在私下场合跟家人、朋友等关系较近的人讨论村里集体事务；有累计 53.7%的被访者认为，村民会为了集体事务自发组织起来，讨论解决相关问题的办法。

第三，合作伙伴关系与自主治理得分较低，分别为 2.63 和 2.60。这些数据表明：乾村村委会在公共项目运作方面的民主程度有待提高，它未

---

① 张明澍. 中国“政治人”[M]. 北京：中国社会科学出版社，1994：66.

② 贺雪峰，仝志辉. 民主如何进入乡村社会[J]. 社会科学研究，2000(2)：19-24.

能通过民主办法进行相关决策；要实现行政村层面的“自主治理”还需继续努力。根据调查的统计数据：有累计达 51.6%的被访者认为，村里工程不会通过公开招标方式承包给有能力的人去做，只有累计不超过 15.6%的被访者表示“合作伙伴关系”是存在的；在“自主治理”问题上，有累计达 56.0%的被访者认为村里未能实现“自主治理”，只有累计 16.5%的被访者认为村里实现了“自主治理”。

(三)村庄事务的参与范围

乾村村民的参与范围具有复杂性。不过总体来看，村民参与的可能性会随着事务重要性(规范意义上而非现实意义上)的加大而增加。

第一，村民参与在极端重要的集体事务①中较为理想。在村庄选举投票、村小学工程以及村公路硬化这些极端重要的集体事务中，村民得以较多地参与进来，这些题项的得分均值也比较高，分别为 4.29 和 3.60(见表 4-4)。这表明，《村组法》中涉及的“四个民主”中有两个，即“民主选举”和“民主决策”至少形式上在乾村已经基本实现。

表 4-4　村民参与的范围

	N	极小值	极大值	均值	标准差
参与投票选举	225	1.00	5.00	4.2889	0.70781
参与村公路工程决策	225	1.00	5.00	3.7956	0.81994
参与村小学工程决策	225	1.00	5.00	3.1600	0.99157
监督集体财务	225	1.00	5.00	2.4756	0.85072
监督村干部	225	1.00	5.00	2.6978	0.92931
管理自来水	225	1.00	5.00	2.6667	0.94017

①　请注意本书在这里用的是“极端重要”而非一般“重要”这类修饰语，这对理解村民决策参与的逻辑是非常重要的，具体原因参见参与范围的因子分析部分。

第二，村民参与在监督领域较为薄弱。从调查结果来看，村民在“监督”领域中的参与相当薄弱，“监督村干部”一项得分为2.70，而“监督集体财产”一项则创下了本项调查的最低分(2.50)。关于监督这一项，笔者做了较广的深度访谈。凯叔与田云在这一问题上表达了相同的意思：

我们没有权力①，再怎么说人家也起不到什么作用。

田云还补充道：

我们真的没法监督他们(指村干部)，村里有多少钱我们不知道，有时候虽然知道上级给村里拨款了，但是这些事情他们又不公开。有时候和他们吵起来了，差点打架，但是都没有用。

第三，“管理”上的村民参与也是薄弱环节。根据调研的统计数据，“管理村自来水”这一项目得分仅为2.67。其实，就公共资源管理环节谈论村级民主有点不太对题。正如费孝通所说的那样，用民主来衡量传统中国“都是也都不是，都有些像，但都不确当”②。因为就村集体而言，“公共资源”管理已经严重“碎片化”了，其中并没有村级的集体行动，因而与村级民主这一议题有较远距离。兰嫂说道：

村里集体的东西现在已经没有人管了：早些年的护林员已经没有

① 根据笔者的推测，他们讲的应该是“权力”而非“权利”。马克斯·韦伯在论及权威的时候，将“命令”与“权力”用在了一块，并声称：“权威即等同于命令权力”，这表明“权力”意味着被作用者的无条件遵从，即“权力”的拥有者能够对被作用者起支配作用。参见马克斯·韦伯. 韦伯作品集Ⅲ：支配社会学[M]. 简惠美，译. 桂林：广西师范大学出版社，2005：4-5.

② 费孝通. 乡土中国与生育制度[M]. 北京：北京大学出版社，1998：68.

了，山林没有人管，现在我们的树经常被隔壁村的人偷；山塘大一点的还可以承包给私人，小一点的除了给水牛洗澡外就没有人理了；以前还有全村统一的自来水，现在都分开搞了，七八家、十几家自己带水管到“哒捞奔”①去抽水，人一少事情就好办多了。

(四)村庄事务的参与强度

乾村村庄事务的参与强度总体状况一般。从各个指标得分的平均值来看，都在3分左右。其中，民意对选举影响程度得分平均值为3.19，村民对重要集体事务影响程度得分平均值为3.06，参与行为地位得分平均值为3.16，影响的持续时间得分平均值为3.07。为了更深入地把握其中的实际状况，这里以“在村民会议上主要问题是否由群众决定”为例进行探讨。从图4-1的频次分布分析可以发现，村民们在这一问题上的“明确”看法的确“势均力敌”。其中，多数村民认为，群众在村民会议上起着一定作用；实际上，还是有更多的村民认为，群众意见在村民会议上明显发挥着重要作用。

表4-5　村民参与的强度

	N	极小值	极大值	均值	标准差
民意对选举影响程度	225	1.00	5.00	3.1867	0.94055
村民对重要事务影响程度	225	1.00	5.00	3.0622	0.88924
参与行为地位	225	1.00	5.00	3.1644	0.86323
影响持续时间	225	1.00	5.00	3.0667	0.89642

① 苗语地名，为乾村一条主要河流的源头。

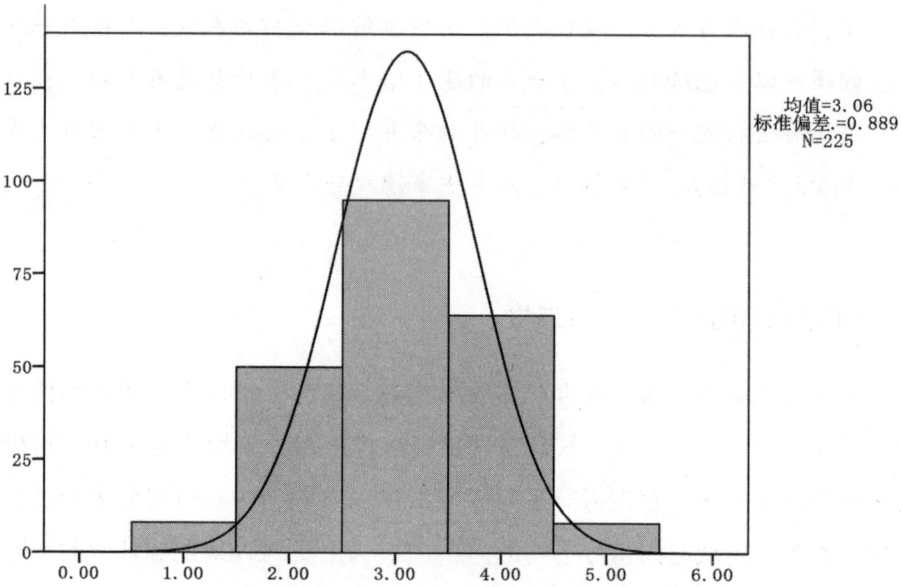

图 4-1　在村民会议上主要问题是否由群众决定

二、村民参与的效率状况

乾村村庄事务的村民参与的时效，在组织和工程时间上不太理想，然而村干部行动速度则基本上得到村民认可。在投入产出比方面，政治活动的投入产出比状况相对较好，工程方面的投入产出比相对较低。参与效益在工程类事务上是显而易见的，而在参与系统改善方面则不甚理想。

（一）村庄事务的参与时效

由于村民参与行动涉及人数众多，一些集体事务组织耗时颇长也不难理解。从表 4-6 可见，村民参与的组织时间较长，在这一组事项中得分最低，其得分均值为 2.68；其次是村公路路基整修工期，得分均值为 2.81，因此乾村村庄工程需要花费较长的时间；村民会议时长一般，得分平均值为 3.11，相对多数的村民(41.3%)认为，村民会议的时间长短不一定。村里的个体户石贵富在访谈中说道：

这要根据(决策)问题的重要程度、难易程度来看。一般来说，开会的时间并不长，很多事情我们都不关心，干部们爱怎么讲就怎么讲。不过，如果事情很大，那就难说了，上次我们村修水泥路(即村公路硬化)时候，2组的人和干部闹了两天，最后还没有什么结果。

需要注意的是，乾村村干部在村民关心的事务中的表现基本上得到了村民们的认可。“村干部反应速度”的得分平均值是3.50，表明村干部对村民需求、集体意见等的回应性基本合格。“村干部处理速度”的得分平均值为3.45，比反应速度低0.05分，这也符合逻辑和生活常识——“做”还是比“说”要难一些，其所耗时间更长也不难理解。

表4-6　村民参与的时效

	N	极小值	极大值	均值	标准差
组织时间	225	1.00	5.00	2.6756	0.84862
村民会议时长	225	1.00	5.00	3.1067	0.89002
村公路路基整修工期	225	1.00	5.00	2.8133	0.81875
村干部反应速度	225	1.00	5.00	3.5022	0.72657
村干部处理速度	225	1.00	5.00	3.4533	0.74929

(二)村庄事务的参与投入产出比

乾村村民参与的投入产出比在“活动”与“工程”领域存在一定的差别。其中，政治活动的投入产出比状况相对较好，而工程方面的投入产出比则相对较低。从选举的投入产出比来看，其得分平均值为3.37，表明选举参与的投入产出比尚可。在调查中，有村民们提到了降低村民参与成本的技术：

> 其实村里面组织一次换届选举也没什么钱，成本并不高。现在搞的是流动票箱，又不要大家一起集中起来投票，也不占用大家什么时间。除了那些候选人自己要拉票可能要花一定的时间和钱之外，总的来看村集体所用的成本并不高。

集体决策的投入产出比的得分均值为3.46，表明通过村民会议等集体讨论的形式进行决策的投入产出比还是可以的。从工程的成本上看，村公路和村小学的成本都比较高，因为这两项的得分平均值都比较低，学校为2.533，公路为2.529。不过村公路的工程质量却比学校的工程质量好多了：村公路工程质量得分均值为3.28，表明工程质量还过得去；而村小学工程质量得分仅为2.53。在访谈中，村民成双说道：

> 村小学是县建行扶植的项目，虽然到底拨了多少钱也没人知道，不过，验收的时候，行长亲自来了。他看了学校那个样子，满脸的不高兴，说了一句，“怎么修了这么个小房子”。房子1997年修的，现在已经开裂了，有安全问题，前段时间教育局的人来看过，说是(已经成)危房。

表4-7　村民参与的投入产出比

	N	极小值	极大值	均值	标准差
选举投入产出比	225	1.00	5.00	3.3689	0.79727
决策投入产出比	225	1.00	5.00	3.4578	0.83412
学校工程成本	225	1.00	5.00	2.5333	0.74402
学校工程质量	225	1.00	5.00	2.5333	0.87627
村公路工程成本	225	1.00	5.00	2.5289	0.72599
村公路工程质量	225	1.00	5.00	3.2756	0.85804

（三）村庄事务的参与效益

乾村村民参与的效益在工程这类具有物质载体的领域是明显的，而在参与体系自身改善方面的表现却不甚理想。需要注意的是，“效益”的意思是事物状况的改善程度。村公路、村小学工程的完工都较大地增加了乾村村民的福利状况，其中村公路硬化工程的得分均值达到了 4.01，村小学工程达到了 3.91。① 集体资金使用状况与自来水管理得分比较低，它们的状况并未比以前更好，得分平均数分别为 2.65 和 2.96。在资金使用状况的调查中，有累计达 52.4%的被访者认为资金使用状况比以前更差，只有累计 18.7%的人持相反意见。村干部素质、村民会议决策质量与村干部职务行为的改善程度较小，不甚明显，它们的得分平均值分别为 3.12、3.21 和 3.00。就其中状况最好的“村民会议决策质量”而言，有累计 37.3%的人认为决策质量比以前好，占多数的人（43.1%）认为并不一定比以前好，有累计 19.6%的人认为比以前更差。

表 4-8　村民参与的效益

	N	极小值	极大值	均值	标准差
村干部素质	225	1.00	5.00	3.1156	0.98877
村民会议决策质量	225	1.00	5.00	3.2133	0.86023
村干部职务行为	225	1.00	5.00	3.0044	0.84778
集体资金使用状况	225	1.00	5.00	2.6533	0.91359
村公路硬化工程	225	2.00	5.00	4.0133	0.56284
村小学工程	225	2.00	5.00	3.9111	0.61318
自来水管理	225	1.00	5.00	2.9644	0.97219

① 以前村小学是在一所木房子里，教学环境比较简陋。新的村小学虽然工程质量不怎么样，但其学习环境还是比木房子要好很多。

第二节　村民参与的相关问题及成因

在对村民参与中的民主与效率现状进行描述后，在此基础上，本书将结合调查中的其他发现，对村民参与中的民主与效率问题及其成因进行一些简要分析。总体来看，乾村村民参与可以总结为“被动与低效”。该问题的原因在于，村庄治理系统存在不少有待弥补的“短板”。

一、村庄公共生活消退

当代的村民自治是在革命激情退却以后所实施的基层治理方案。不论是与革命年代所要求的道德律令相较，还是与“社群主义”对成员的责任义务相比，村民的政治热情及其公共生活频度都已明显不足，这不论是对村庄民主还是对村民参与效率都会带来了消极影响。

如上所述，乾村村民会议的频次已经大为降低。按照《村组法》的规定，村民会议是村级组织中的最高权力机构，村民通过它进行集体集会、共同协商、相互讨论，从而构成村庄公共生活最重要的载体。在本项研究中，村民会议作为村民参与的核心形式，自然受到很大的关注。然而，在调查过程中，村民对笔者在问卷中如此高密度地关注村民会议感到不解。村里的老人龙云凤表示了以下看法：

> 现在村里面已经很少开“群众会”①了，一来，村里面也没有什么事需要大家坐拢来开个会；二来，现在很多人对这些东西也不怎么感兴趣，除非你发钱或者安排一顿饭，人家就来了。

根据村民的上述看法，我们不难找到村庄公共生活消退的原因。具体

① 值得注意的是，在调查中很少有村民懂得“村民会议”的意思，他们大多人用的是“社员会”“群众会”等具有革命传统色彩的名词。

而言，村庄公共生活消退的原因如下：

第一，“权力的上收”。亨廷顿、纳尔逊认为，发展中国家的乡村治理是在“国家权力上收”的背景下进行的，留给乡村社会的“治权”已经非常少。① 就当代中国而言，与农民个人利益紧密相关的农业补贴、医疗保障、计划生育等事务的决策权都不是留在村庄一级的。以“新农合”（医保）为例，这是国家面向农村推出的一项基本公共服务。乾村村主任最初的“权力”就是发放“农合卡”，尽管有的村民跟他有矛盾，他也不乐意把卡给这些“刺头”，但是他并没有权力这么做。在“新农合”的村级常规工作中，村主任要做的就是每年挨家挨户“收钱”，并上交到乡政府，再由乡政府交到县里。

第二，农民价值观的变化。随着人民公社的解体，乡村社会的公共空间急剧压缩。与此同时，私人空间得到了极大生长，私人事务成为村民活动的主要领域。特别是，随着家庭联产承包责任制对个人利益的许可与保护，以及市场经济对私人利益的张扬，谋求家庭经济条件的改善与个人社会地位的提升已经成为大多数人的首要需求。② 乾村村主任职位曾出现过短时间的空缺，村里的宏某被认为是村主任的理想人选。乡村两级多次做过他工作，请他“出山”，不过都被他婉拒了。宏某夫妻俩在长沙打工，收入颇为可观，最终给自家小孩在长沙攒下了一套商品房的“首付款”。他私下里多次说过：“当村干部收入太低了，不划算。”在此情况下，也就不难理解为什么村民会对村民会议缺乏热情了。

二、合法性生成机制有限

这里的“合法性”并不是“符合法律规定”，或获得法律授权等意义上的

① 塞缪尔·亨廷顿，琼·纳尔逊．难以抉择：发展中国家的政治参与[M]．汪晓寿，等，译．北京：华夏出版社，1989：54.

② 塞缪尔·亨廷顿，琼·纳尔逊．难以抉择：发展中国家的政治参与[M]．汪晓寿，等，译．北京：华夏出版社，1989：44.

“合法”，它指的是，村庄决策(或者决定)获得村民认可。① 换而言之，这是一种社会内生的合法性。

1. 共识生成机制有待开发

在乾村能够发挥作用的民主商谈机制主要有两种：一是村民会议，即通过召集全体村民进行商议的形式；二是村民自发组织起来前往村干部家中乃至乡政府，要求解决问题。村民会议虽然符合法定程序，但是往往被理解为村中“派系”之间的私事，而“自发组织”则被视为具有群体性事件的性质。一般来说，村民会议通常能够解决多数的村庄事务。然而在没有上级政府关注，并且村民内部矛盾尖锐的时候，村民会议也难以发挥作用。

> 你说群众会啊，小事可以谈得妥，大事解决不了。
>
> 那次村里准备卖地给人家修电站，开了两天会，结果就是吵了两天，由于群情激奋，村干部最后都不敢说话。

通过以上访谈记录，不难发现，村民会议缺乏有效的共识生成机制——交换不同意见并获得共识，从而获得合法性的能力。其中主要原因有二：一是缺乏合理的议程安排。会议没有口才好、能力强、有威信的人作为主持人；也没有合理的流程，先做什么，后做什么，怎样的协商方式有利于意见达成等没有得到应有考虑。二是缺乏有效的共识生成方法。通过深入协商之后，大家将每种方案的利弊均指出来，最后不论是通过投票表决，还是通过举手表决都可以，然而这些办法在乾村都没有得到运用。实际上，乾村村民会议中常见的无序议论，乃至吵架均不利于共同意见的生成。

至于村民自发组织起来找村干部，也就是本书所言的“制度外自发参与”，则是试图通过施加群体压力的方式“迫使”村干部作出相应允诺的行为。在调研的时候，不少村民对此的反应就是，“你说的就是闹事吧？”“闹

① 仝志辉，贺雪峰. 村庄权力结构的三层分析——兼论选举后村级权力的合法性[J]. 中国社会科学，2002(1)：158-167.

事”一词引起了笔者的担忧，这种制度外自发参与往往是由利益矛盾激起的，因此解决方法通常被认为会“简单粗暴”。然而由于“乡里乡亲”的关系，这种所谓的“闹事”至今没有在乾村酿成打架斗殴事件。这恐怕只能从乡土文化，尤其是熟人社会的行为逻辑中寻找解释了。

2. 选举规范性有待提升

贺雪峰等人曾经深入探讨过选举与村庄权力的合法性问题，表明通过选举产生的村干部并不一定是村民所认可的人。① 其中的原因比较复杂，一些不恰当的“土办法”的运用则无疑是其中主因。

《村组法》中相关选举的规定在乾村切实落地，还有待当地村民与政府进一步努力。在某种意义上，“民主”是一项技术活，掌握并运用这些技术是村级民主有效运转的重要保障。

三、村庄日常事务废弛

同政治事务仍在运行不一样，村庄日常事务走向了废弛。其原因大抵在于，日常事务同村干部的管理绩效直接相关度不高，因而受到的关注度不高。其具体表现主要有以下两个方面。

1. “民主监督”难以实现

“民主监督”是《村组法》中的“四个民主”的组成部分。在本书对“监督村干部”与“监督村集体财产”两项的对比中可以发现：虽然村民认为村干部监督可行性比例不高，但是相对于监督村集体财产，监督村干部还是相对容易些。从调查数据中可见，有累计达 22.7%的被访者认为，可以监督村干部；只有累计 12.9%的被访者认为，可以监督村集体财产的使用。这就表明，“村庄集体财产”管理是乾村村庄治理存在的重大挑战。

那么，以上挑战的原因到底何在？通过调查数据可以发现，其原因在于“村务公开”没有得到实质上的开展。在有关村公路与村小学工程成本状

① 仝志辉，贺雪峰. 村庄权力结构的三层分析——兼论选举后村级权力的合法性[J]. 中国社会科学，2002(1)：158-167.

况的调查中，多数的村民(分别为45.3%和44.4%)均表示“不了解人家到底给了村里多少钱”。在这种意义上，我们与其讨论“民主监督”，还不如扎实推进“村务公开”。真实、及时的信息公开，是村民参与的重要条件，也是村庄治理有效运转的基础。

2. 公共资源管理碎片化

人类社会总是要面对“公共资源”管理的问题，比如水、森林、空气的管理等。不过正如新制度主义指出的，公共资源管理需要精巧的制度设计以保障持续、稳定和可控的集体行动。① 吴毅对双村水源灌溉的案例也表明，集体资源的管理面临着一系列的文化与制度设计的困境。② 笔者在调查中发现，乾村集体资源管理面临严重的碎片化问题。在村级层面，乾村已经很难组织起统一、有效的自来水供应与管理。

在《村组法》中，“民主管理”是村民自治的一项重要内容。在“民主管理”过程中，村民的参与、协商与行动也应是村庄公共生活的重要组成部分。如上所述，乾村的自来水管理走过了由集体兴建、集体使用、集体管理向部分村民共建、共管和共用的过程，即“公共资源”管理的“碎片化”。我们不可否认，这也是民间自我治理的重要体现，但也在侧面说明了村级治理的无力，因而是值得深思的。

四、公共事务效率不足

1. 组织公共事务比较费时

正如上文所言，在村民参与的组织速度方面，耗费的时间较长。组织时间偏长的原因有以下几个方面：

第一，村民的生活方式存在差异。由于生活方式的差异，难以找到大家都方便的时间。比如，大家吃饭的时间是不一样的，所以有的村民是要

---

① 罗伯特·帕特南. 使民主运转起来[M]. 王列，赖海荣，译. 南昌：江西人民出版社，2001：194.

② 吴毅. 村治变迁中的权威与秩序——二十世纪川东双村的表达[M]. 北京：社会科学文献出版社，2002：267.

等到吃完饭才能去开会。特别是，如果家里有活等着要干的时候，就更加难以派人去参加开会或集体工程。

第二，村民的积极性不高。对村庄事务缺乏积极性，也是村民参加活动“拖拖拉拉”的重要原因。村民珍伯表示：

> 现在人的思想觉悟没有以前高，现在都是各顾各的，以前集体的时候，只要广播一叫，人基本上不要多久就能到齐。

这在很大程度上也可以视为公共生活消退的后果。在调研过程中，村民援朝开玩笑地说道：

> 拿开会来说吧，如果会议和大家的利益没什么关系，大家都不怎么想去的。我想如果发钱的话，大家就去的比较积极了。

2. 村庄工程成本偏高

乾村通村公路与村小学两个项目花的钱都比较多。尤其是村小学钱花多了，工程质量还不高，这算是比较差的一种状况。总的来说，原因主要有以下两方面：第一，没有做好集体决策。这在村小学的决策参与中体现得很明显，有累计31.6%的人认为，该工程没有让村民参与到决策中，另有23.6%的被访者表示不知道，可见该项工程的决策参与状况不太好。第二，没有做好信息公开。上文已经指出，有很多村民不知道工程资金的使用状况。由于没有做好信息公开，资源浪费甚至是贪污腐败等不良行为的发生率会大幅增加。

村庄工程成本偏高还体现在项目工期较长。项目工期偏长的原因则可能在于管理不力，这会导致谁也没有尽力去干，从而影响项目的质量与效率。在一个非官僚制的集体中，人与人之间的关系并不能用“命令—服从”方式来实现。在讲究“面子”的熟人社会中更是如此。当前农村已经经过基层民主的洗礼，再加上村民组织化程度不高，要实现集体高效的工作，需要村民个人的主观积极性，也需要村干部发挥个人魅力以有效激励群众。

五、参与体系改善不够

如今的乾村与过去相比，村容、村貌的确发生了较大的变化。不过，总的来看，整个村民参与体系的增效与改善并不显著。从干部素质来看，其原因有以下几个方面：第一，选举制度运作不良，未能选出理想人选。前述提名权与流动票箱等事实已经证明，乾村选举制度运行不良。第二，地区文化落后，有文化的人比较少。根据上文对被访样本的基本信息来看，小学及小学以下文化的人的累计高达68%。村民田云说道：

> 村里面需要有文化的干部，没有文化，上面有什么好处，我们这里都捞不到，没有文化就没有眼光啊。

第三，初中以上学历的人，多数出门打工，对村庄政治不感兴趣。对于有些文化的年轻人，他们的心思都到外面的世界去了。乾村青年志云说道：

> 还是外面的世界好，每次回来，从吉首一下火车，然后一路上来①，心就越走越凉……

至于集体决策的质量则与村民会议直接相关，这在上文已经有论述，这里不再重复。而集体资金使用状况的改善，不仅与民主决策有关，与村务公开也有着很大的关联。村干部行为规范改善不大，其原因主要有两个方面：首先，监督不力。如果村民不知道村干部在做什么，他们是没法进行监督的。其次，很多村民不懂相关国家政策，甚至连村规民约的基本内容都不知道。调查的资料显示，大部分被访者(72.9%)不知道村规民约的基本内容。曾担任过“大队会计”的英伯这样回答笔者的问题：

---

① 湘西山多，吉首处于海拔比较低的地方，从吉首去风林县公路基本以爬坡为主。

你问我这个问题，我怎么回答你好呢，我自己都不知道国家的政策是什么，我又怎么好回答你的问题？

第三节 村民参与中民主与效率的关系分析

在进行以上基本的统计分析后，我们在这一节将进行更细致的统计分析，以深入地探讨村民参与中民主与效率的关系。特别是这里将对民主与效率之间的因果关系进行分析，从而揭示村民参与中民主与效率之间的作用机制。

一、村民参与中民主与效率的相关性

相关是指一个变项的值与另外一个变项的值具有连带性。简单来说，如果一个变项的值发生了变化，那么另外一个变项的值也跟着发生变化，那么这两个值就相关了。① 相关有正相关和负相关之分，如果一个变项的值增加，那么另外变项的值也增加，则为正相关；如果一个变项的值增加，那么另一个变项的值却减少，则为负相关。一般来说，相关的两个变量不一定有因果之分，可能是共同变化。② 另外，相关系数并不具备绝对值意义，比如系数 0.8 不能说比 0.4 的相关程度大两倍。

由于因子分析具有尺度法(Scaling)的作用，可以根据各个项目之间的关系把它们的数值组合起来，计算总值。③ 本书选用总和尺度法(summated rating scale，或称 Likert scale)分别对民主总量和效率总量进行组合，其方

① 李沛良. 社会研究的统计应用：第 2 版[M]. 北京：社会科学文献出版社，2001：68-69.

② 李沛良. 社会研究的统计应用：第 2 版[M]. 北京：社会科学文献出版社，2001：70.

③ 李沛良. 社会研究的统计应用：第 2 版[M]. 北京：社会科学文献出版社，2001：339.

法是将各因子的数值相加起来：$A=a_1+a_2+a_3+\cdots+a_n$。① 我们用"计算变量"功能对参与广度、参与深度、参与范围和参与强度各项因子的值进行相加，从而生成"民主"变量及其数值；对参与时效、参与投入产出比以及参与效益的各项因子进行相加，从而生成"效率"变量及其数值。

本书用皮尔逊(Pearson)的积矩相关系数对民主与效率关系的方向及大小进行测量。从表4-9可见，村民参与中的民主与效率呈正相关关系。相关系数 $r=0.442$，显著性水平 $sig=0.000<0.01$，表明民主与效率在0.01的置信水平上显著相关。这说明从实证的角度上来看，认为民主与效率天生就是一对矛盾，两者之间只存在此消彼长的关系，并且将这种观点不加质疑地放诸公共治理领域的做法是错误的。这一实证结论也对最新的公共价值理论中民主与效率"事实上的伙伴关系"给予了有力的支持。这表明，在农村基层治理中建构治理民主，推动民主与效率的整合并非没有可能。

表4-9　村民参与中民主与效率的相关性

		民主总量	效率总量
民主	Pearson 相关性	1	0.442**
	显著性(单侧)		0.000
效率	Pearson 相关性	0.442**	1
	显著性(单侧)	0.000	
**：在0.01水平(单侧)上显著相关。			

实际上，"民主与效率负相关"的"铁律"，或许只有在达尔的"时间与人数定律"②意义上才有可能成立，即参与决策的人数越多，决策的速度越慢。但这一结论并不能推导出"参与决策的人数越多，决策的效率越低"，

① 李沛良. 社会研究的统计应用：第2版[M]. 北京：社会科学文献出版社，2001：17-18.

② 罗伯特·达尔. 论民主[M]. 李柏光，李猛，译. 北京：商务印书馆，1999：118.

因为效率并不仅仅体现为时效、速度，更体现在投入产出比与效率方面。下面将验证达尔的“时间与人数定律”。从 Pearson 相关系数 r=-0.049 来看，“时间与人数定律”似乎是正确的，不过需要注意的是，显著性水平 sig=0.234>0.01，这就表明“参与决策的人数越多，决策的速度越慢”的“时间与人数定律”不能成立(见表 4-10)。这可能由以下几个原因导致：首先，参与者对公共事务态度冷淡。重大公共事务虽需要集体协商，但是到会者对待议问题不感兴趣，结果只能让决策者说了算。这在之前被访者的表述中已有提道：“一般来说，开会的时间并不长，很多事情我们都不关心，干部们爱怎么讲就怎么讲。”其次，议程由决策者控制。虽说开集体会议是给众人集体民主决策的机会，但由于决策者控制了会议议程，不给其他人表达的机会。在这种情况下，会议自然开得比较快。

表 4-10　“时间与人数定律”的验证

		参加村民会议人数	会议时长
参加村民会议人数	Pearson 相关性	1	-0.049
	显著性(单侧)		0.234
会议时长	Pearson 相关性	-0.049	1
	显著性(单侧)	0.234	

以上分析表明，简单地将民主与效率对立起来的观点是值得商榷的，在实践上可能会带来严重后果。因此，应该在基层民主发展的过程中积极地推进村民参与中民主与效率的整合，推进我国农村治理民主的建构，从而最终有助于“有效治理”的实现。

二、村民参与中效率对民主的作用

回归分析是一种广泛应用的统计分析方法，它侧重于考察变量之间的数量变化规律。其用意是研究一个因变量和一个或多个自变量之间的影响关系。① 本研究所用量表的测量尺度为定序测量，而许多学者将定序变量视为定距变量，以简化处理技术上的问题。② 在此基础上，本研究将运用多元线性回归(multiple linear regression analysis)来比较各个自变量的影响力大小。本研究建立如下模型：$\hat{y}=\beta_0+\beta_1\chi_1+\beta_2\chi_2+\cdots+\beta_n\chi_n+e$，其中 $\hat{y}$ 为因变量(民主)，β_0 为常数项，β_n 为回归系数，χ_n 为自变量(效率各构成要素)，e 为随机项。

本研究使用 SPSS 统计软件进行数据处理，这里使用"进入"(enter)回归分析法。具体而言，本研究将效率的构成要素，即干部行动速度因子、公共参与运作速度因子、政治活动投入产出比因子、集体工程成本因子、公共工程效益因子以及参与体系自身改善因子作为自变量，将民主总量作为因变量。

从表 4-11 来看，调整的确定系数 R^2 为 0.541，就是说该模型对民主总量的解释可以达到 54.1%。这表明村民参与中效率要素对民主有着较大的影响。F 值为 37.122，自由度 df 为 6，对应的显著水平 sig 为 0.000，表明模型的整体检验在 0.01 水平下统计显著。具体到各自变量，公共参与运作速度因子、政治活动投入产出比因子没有通过检验，其 sig 值分别为 0.097 和 0.278，表明这两个因子在 0.05 水平下对民主作用不具有显著性。从标准系数来看：(1)在效率的构成要素中，干部行动因子(回应性和个案速度)对民主的影响最大，其作用方向为正向；(2)参与体系自身体系的改善对民主的影响次之，作用方向为正向；(3)公共工程效益对民主的影响再次之，作用方向为正向；(4)集体工程成本的影响最小，作用方向为负向。根据非标准化系数，可以得到效率构成要素对民主作用的方程：$\hat{y}=1.855E-16+0.991\chi_1-0.712\chi_2+0.964\chi_3+0.730\chi_4$。

① 张红兵，贾来喜，李潞. SPSS 宝典[M]. 北京：电子工业出版社，2008.

② 李沛良. 社会研究的统计应用：第 2 版[M]. 北京：社会科学文献出版社，2001：272.

表 4-11　村民参与中效率要素对民主的作用

	非标准化系数		标准系数	t	Sig.
	B	标准误差	Beta		
(常量)	1.855E-16	0.156		0.000	1.000
参与时效					
干部行动速度因子	0.991	0.201	0.303	4.934	0.000
公共参与运作速度因子	−0.264	0.159	−0.081	−1.666	0.097
投入产出比					
集体工程成本因子	−0.712	0.165	−0.217	−4.316	0.000
政治活动投入产出比因子	0.210	0.194	0.064	1.087	0.278
参与效益					
参与体系自身改善因子	0.946	0.187	0.289	5.072	0.000
公共工程效益因子	0.730	0.170	0.223	4.298	0.000
$R=0.742$；$R^2=0.550$；调整的 $R^2=0.541$					
$F=37.122$；$df=6$；$sig=0.000$					

以上统计分析表明，在村民参与中，效率要素对民主有明显的促进作用。需要指出的是，村干部办事效率、治理体系运行效率对村民参与中民主的贡献分别高居一、二位。这个发现表明，高质量的村民自治制度是农村基层民主的核心工程——治理民主建设自然也是如此。值得注意的是，集体工程成本对村庄民主有负向作用。这表明，不良集体工程绩效会挫伤村庄民主。因此，需要注意村庄集体工程建设的成本控制与质量提升。在新闻报道中，这类工程通常又被称为“民心工程”，在村民的民主获得感上，这个称谓也同样成立。

三、村民参与中民主对效率的作用

为估计村民参与中民主对效率的作用，这部分同样建立如下多元线性回归方程：$\hat{y}=\beta_0+\beta_1\chi_1+\beta_2\chi_2+\cdots+\beta_n\chi_n+e$，其中 $\hat{y}$ 为因变量(效率)，β_0为常数项，β_n为回归系数，χ_n为自变量(民主各构成要素)，e 为随机项。这里同样运用“进入”多元回归分析法进行分析，将民主的构成要素，即完全参与型因子、干部主导型参与因子、制度外自发型参与因子、参与广度因子、政治事务因子、日常事务因子以及参与强度因子作为自变量，把效率总量作为因变量，将它们放入上述方程中进行运算。

从表 4-12 来看，这七个自变量对效率的解释程度为 36.2%，表明民主对效率有较大影响。F = 13.923，df = 7，sig = 0.000，表明模型的整体检验在 0.01 水平下统计显著。完全参与型因子、制度外自发参与型因子和参与广度的显著水平均大于 0.05，因而没有进入方程。从标准系数来看，日常事务参与因子同效率的标准相关系数为 0.379；政治事务参与因子和效率的标准相关系数为 0.305；参与广度因子与效率的标准相关系数为 0.142；干部主导型参与因子对效率存在一定影响，相关系数为 0.067。根据未标准化系数，可以得到以下民主构成要素对效率作用的模型方程：$\hat{y}=4.617E-16+0.205\chi_1+0.433\chi_2+0.934\chi_3+1.160\chi_4$。

表 4-12　村民参与中民主要素对效率的作用

	非标准化系数		标准系数	t	Sig.
	B	标准误差	Beta		
(常量)	4.617E-16	0.172		0.000	1.000
参与深度					
完全参与型因子	−0.069	0.208	−0.022	−0.329	0.743
干部主导型参与因子	0.205	0.197	0.067	1.041	0.000
制度外自发型参与因子	−0.308	0.184	−0.101	−1.680	0.094
参与广度					
参与广度因子	0.433	0.210	0.142	2.066	0.040
参与范围					
政治事务因子	0.934	0.224	0.305	4.164	0.000

续表

	非标准化系数		标准系数	t	Sig.
	B	标准误差	Beta		
日常事务因子	1.160	0.201	0.379	5.770	0.000
参与强度					
参与强度因子	0.225	0.227	0.073	0.990	0.323
$R=0.623$；$R^2=0.388$；调整的 $R^2=0.362$ $F=13.923$；$df=7$；$sig=0.000$					

上述实证分析表明，村民参与中的民主要素对效率具有正向促进作用。具体而言，可以得出以下实证结论：

第一，干部主导型参与确实能够提高村民参与的效率。其原因应该在于，这种参与类型不会出现太多的“争吵”，所耗费的时间并不多。虽然本书的统计数据未能证明干部主导型参与对民主的消极影响。但现实中，有时缺少基本的集体协商，会损害村民就村务发表自己意见的民主权利。

第二，参与广度对村民参与的效率有促进作用。同“时间与人数定律”的验证结论一样，并不能表明“参与的人越少，村庄事务效率就越高”。这表明，“村民会议”(其参与广度最高)之类的制度设计，对提升村民参与的效率具有重要作用。进而言之，为实现村庄“有效治理”，需要重视村民参与的作用。

第三，就参与范围而言，“执行环节”的参与对提升村庄事务效率至关重要。从表4-12可见，日常事务对村民参与效率的贡献程度高于政治事务参与。这在很大程度上印证了行政学中的一句名言：“执行一部宪法要比制定一部宪法要困难得多。”①就是说，再好的决策，如果没能执行好，它

① 彭和平，竹立家. 国外公共行政理论精选[M]. 北京：中共中央党校出版社，1997：4.

也不能够发挥作用。因此，较之决策环节中的村民参与（就乾村而言，该村的决策参与还是不错的），更需要加大对“执行环节”中村民参与的建设力度。

四、定量研究小结

根据以上统计分析，可以得出以下实证结论：

（1）乾村村民参与的参与广度比较高；参与深度则有待加强；村庄重大事务决策的村民参与情况较好，而日常事务则参与不够；参与强度总体水平一般。

（2）乾村村民参与在时效方面，活动组织和工程时间偏长，村干部的回应基本得到村民认可；在投入产出比方面，政治活动的投入产出比状况中等偏上，工程方面的投入产出比则相对较低；在参与效益方面，村庄工程这类具有物质载体的参与效率较为明显，而参与体系自身改善则不甚理想。

（3）民主与效率之间存在较为明显的正相关关系。特别值得注意的是，“参与决策人数越多，效率就越低”的命题没有得到证实。该结论与我们的常识存在较大差异。

（4）总体而言，村民参与中的效率对民主具有明显的促进作用。在效率的构成要素中，干部行动因子对民主的影响最大，呈正相关；参与体系自身的改善对民主的影响次之，呈正相关；集体工程效益对民主的影响再次之，呈正相关；集体工程成本的影响最小，不过为负相关。综合以上，民主与效率构成因素的关系模型方程为：$\hat{y}=1.855E-16+0.991X_1-0.712X_2+0.964X_3+0.730X_4$。

（5）总体而言，村民参与中的民主对效率具有明显的促进作用。在民主的构成要素中，日常事务参与对效率的促进作用最大，相关系数为0.379；政治事务参与对效率的促进作用次之，相关系数为0.305；参与广度对效率的促进作用再次之，相关系数为0.142；干部主导型参与对效率存在一定的正向影响，相关系数为0.067。综合以上，民主构成要素对效率影响的模型方程为：$\hat{y}=4.617E-16+0.205X_1+0.433X_2+0.934X_3+1.160X_4$。

(6)根据第3项结论以及两个关系模型方程，可以得到本项研究最重要的结论之一：在村民参与中，民主与效率是正相关的，从民主与效率的构成要素对彼此的作用来看，虽然它们之间存在少数的相互制约，但是相互促进才是其中的"主干部分"。

(7)综上，本项研究中相关研究假设的验证情况如下(见表4-13)，其中最重要的假设 H_1 得到验证。

表4-13　研究假设的验证情况

编号	假设	验证
H_1	民主与效率之间存在正相关关系	证实
H_2	参与广度与效率之间存在正相关关系	证实
H_3	参与深度与效率之间存在正相关关系	未证实
H_4	参与范围与效率之间存在正相关关系	证实
H_5	参与强度与民主之间存在正相关关系	未证实
H_6	参与时效与民主之间存在正相关关系	证实
H_7	投入产出比与民主之间存在正相关关系	证伪
H_8	参与效益与民主之间存在正相关关系	证实

第五章　治理民主的逻辑：乾村村治的比较历史分析

本章将从历时性视角来探讨治理民主的逻辑。需要说明的是，这部分主要是讲治理民主这一种理论范式。原因在于，乾村距离真正的治理民主还有很远的距离。这里只是运用乾村“有效治理”的典型案例来揭示治理民主的逻辑。

第一节　乾村的自来水事业

一、自来水事业的初兴

如前所述，乾村地处“偏远”湘西的边缘地区，是一个经济发展落后的苗族村庄。乾村是一个地道的湘西“山村”，它的民居主要分布在几座“山包”(山都不大)的山腰与山脚处。乾村植被覆盖茂密，水资源涵养状态良好，村民的日常用水主要依靠“井水”。需要说明的是，这里的“井水”实际上是天然的山泉水。

这里以乾村的“上寨”为例来说明村民们的用水状况。20 世纪 80 年代的“上寨”大约有 27 户人家，所能用的水井共有 4 口。实际作为“主力”的水井只有两口，一口叫“新井”，一口叫“栅井”。另外两口井，一口处于私家别院中，取水并不方便；另一口被称为“血井”(因含铁等矿物质过多而呈红色)，只能给家畜喝。需要说明的是，这些井水的卫生情况实在令人担忧。一旦遇到大雨天，路上的猪牛粪便就有可能冲到井中。

为了解决村民的饮水问题，村委会决定找上级部门。1984 年，由当时的“大队会计”(实际上是村会计)丽萍负责给县卫生局打申请报告。丽萍将村里的实际困难向卫生局作了客观说明，并申请了 1.88 万元的工程资金。在收到申请报告后，卫生局专门派人来乾村检查水井的卫生情况。时值大雨过后，卫生局干部目睹了“新井”“栅井”等猪牛粪便横流的惨状，因此批准了乾村的申请。乾村由此成为清水镇最早通自来水的村庄。

在获得卫生局的拨款后，村委会购买了钢管(水管)、水泥、水泥砖等工程材料，并发动全村各家各户出“义务工”来修建自来水工程。水源地选在了“哒捞奔”，这是一处水量颇大的山泉，也是乾村村河“乾河”的主要发源地——这条河在数千万年间凿穿了沿线的高山，形成巨大的峡谷，并在村界边上形成了中国落差最大的瀑布之一。从“哒捞奔”到村里大约有 1.5 千米，沿线填埋与铺设了直径大约为 7 厘米的大钢管，并直通设于位置相对较高的“中寨”的总水池。在此基础上，又分别在“上寨”与“下寨”的中心位置修了两个分水池。这两个水池分别与总水池相连，水从总水池流向它们。连接它们的钢管直径较小，大约 3 厘米，在大多地方同样采取填埋方式。随着这些项目的结束，乾村的自来水工程便宣告完工。村委会购置的钢管并没有用完，他们还把剩下的钢管“送”给了清水镇政府。

二、水的分配与设施维护

不难发现，乾村的自来水跟常规的“自来水”并不一样。它并没有直接通到每家每户。具体来说，以上三个水池的正面都留有一个口子，村民可以用瓢把水舀到水桶里，然后再挑回家里。挑水成为当时每家每户男性劳动力的基本生活技能。在这种情况下，村里的孤寡老人等用水的便利性没能实现。当然更为重要的是，水池的这种设置会影响储水量，水满了以后便会流走，造成水资源的浪费。此外，水池本身的容量也不够大。

乾村水池的以上配置在以后至少 25 年的时间里影响着村里人的生活。由于水池开有口子，雨水丰沛的季节，大量的水流出池外，没法利用；在旱季的时候，水源地断流，乾村自来水也随之断水，水池里的水干涸见底。把手尽力塞进水池中舀水，成为人们对旱季的难忘记忆。有限的水池容量自然也是造成该困难的重要原因。如果有足够大的蓄水池，在旱季还够村民们支撑一段时间。另外，“挑水”是一件苦差事，满满的两桶水，其重量在100斤左右。要挑动这些水，需要壮年的男人或者女人才能完成。移除这种“劳役”，随着社会的发展逐渐成为乾村村民的正常需求。

随着自来水的通水，自来水设施的维护成为乾村一项重要的日常工作。不难想象，设施的老化会造成漏水、停水问题。当然更让村民难以容忍的是，人为、蓄意地破坏自来水设施。“哪个烂良心的，又把水管给砍了！这些人真是难以理解，把管子砍了对他有什么好处？”①遇到这种情况，珍伯总是愤愤不平地加以谴责。骂完人后，他经常会带着胶管、铁丝和钳子等工具去断水的地方把自来水管修好。颇为意外的是，几十年中，没有哪个村民因破坏自来水管道被直接逮到过。

“捆水管”需要一点技术和相关材料，但最重要的是要热心。乾村自来水并没有专门的看护人员，而是依赖“热心人”的自发行动。以珍伯为例，在年复一年的无私奉献中，他总有感到疲惫的时候。在这种情况下，乾村断水难免发生，这给村民生活带来了诸多不便。这里需要说明的是，因为上述的“技术门槛”，村干部并不一定能够胜任自来水设施维护的任务。这对乾村自来水设施的正常运行带来了挑战。乾村的幸运在于，面对断水的情况，最终还是会有人站出来帮大家解决问题。

三、重建与另起并举

在工作了约20年后，乾村原有的自来水设施已经不能再正常运作。因此，乾村的自来水系统进入了重建阶段。此时已经到了2003年。较之20世纪80年代，中国的农村政策、乡村治理都已经出现了大幅调整，这使得

① 实际上，在那个物资匮乏的年代，有人会偷盗钢管去卖，或者拿去冶炼菜刀等。总之，对破坏自来水设施的人来说，他们能从中获取“很多好处”。

乾村自来水工程的重建办法亦随之改变。

2003年以后，随着农村税费改革的进行，村里再也不准搞摊派(村集体事业的集资)，搞义务工(村集体事业的义务性出工)。在这种情况下，丽萍感觉到村里权力明显变小了，很多事情不能再用以前的办法来做。为了重建村里的自来水系统，时任村主任的丽萍再次打报告申请资金支持。丽萍写好申请报告后，将报告送到镇政府。最后由镇政府送来了重建所需的自来水管。不同于20世纪80年代的钢管，这次送的是胶管。也不同于以往的集体出工，这次重建只要求“喝自来水的家庭，每户派出一个劳力”。显然到了这个时期，已经有人选择不喝村里的自来水。

如果在20世纪80年代，有人选择不喝自来水，那么他只能继续喝井水。到了21世纪，乾村的情况已经发生了很大变化。由于受村自来水不够喝、断水等问题的困扰，再加上大家的收入状况已经大有进步，已经有一些村民选择“自建”自来水。比如说，十户、八户人家，大家彼此之间的关系比较好，大家一起想办法、出钱和出工，到山上去找水量丰沛的泉水，然后自来水就建起来了。在这个时期，不论是村自来水还是自建自来水，都有直径1~2厘米的水管直通到每户人家。挑水已经成为乾村人的回忆。

自建自来水从21世纪初以来，愈来愈成为一股风潮。随着大家生活水平的提高，热水器、洗衣机等电器已经进入乾村。它们在方便村民生活的同时，也大大增加了村民的用水量。在这种情况下，村里原有的集体自来水系统已经不堪重负。即便在2017年，国家下拨约60万元扩建蓄水池①，这种风潮也依然没有停止。总体而言，村庄自来水系统的“重建”与村民内部的“另起炉灶”大大改变了乾村自来水的原有格局。

2021年3月，援朝、成双、丽萍等10户人家一起自建了一个自来水池。其中成双家已经有了两个类似的自来水池。他们分别在“排荡”与“高

① 由于没能找到合适的水源地，国家拨款没能用完。实际上，这一时期的水源地大多已被私人占据。

坪”各找了一处水源地，然后铺设自来水管，将两股水引到成双家外面的水池里，然后再铺设小水管将水引到各家。这个水池的位置比这10户人家都高，但低于水源地。为修建自来水，这10户人家大概总共花了1万元，用了半个月时间。这10户人家经济状况差距不大，彼此距离也不远。最重要的是，他们之间的关系都还不错，在用水上协调起来比较方便。在此基础上，真正使他们不用在用水问题上产生纠纷的关键可能在于，他们每户连接的水池都不止一个，自家用水并不会对他人产生影响。

第二节　鹰高水电站的恩怨

一、水电站的来源

鹰高水电站的大坝地处鹰高村，因而得名鹰高水电站。鹰高村和乾村接壤，但隶属于红岩镇而非清水镇。电站归红岩镇所有，并主要向该镇居民供电。其中的例外是，乾村村民也是鹰高水电站的用户。在过去30多年时间里，鹰高水电站一直都是乾村人关注的核心议题。也许这种关注会一直继续下去，直到这个电站停运与解体。

鹰高水电站的主要特征在于跨界修建。虽然大坝主体位于鹰高村，但是发电的机房则位于乾村。从大坝往下走大概1千米，便是“鹰峡”——这是一处巨大的峡谷，该峡谷延绵直至吉首市地界。鹰峡与大坝的落差约100米，如能将大坝的水引到鹰峡来，那么大的落差必然能带来丰富的水能。为了充分利用这种地形优势，当时鹰高水电站的设计者便决定修建通往鹰峡的引水渠，并在其谷底修建发电机房。然而引水渠与鹰峡谷底均处于乾村地界。

1982年，鹰高水电站开始破土动工。乾村的老支书、老村主任与村民们都决定支持“国家建设”。于是乾村不仅将集体土地拿出来支持电站建设，同时还出钱、出力帮助修建电站。其中，电站用到的部分电线杆还是乾村捐的。如前所述，乾村森林资源丰富，于是热情地拿出了一些松树、杉树来做电线杆。乾村村民的大力支持让红岩镇的政府书记大为感动，当时便许诺，乾村可以免费用水电站的电。随着1984年电站竣工，乾村便通了电，这在当时算是很了不起的成就。毕竟很多农村没有通电。需要说明的是，当时双方并没有签订合同来约定乾村与红岩镇有关鹰高水电站的权利与义务。

到了1988年，红岩镇决定向乾村村民征收电费。收费标准是0.15元/度，就当时的消费水平来说，这并不算低。这距乾村村民免费用电仅过了4年时间。收费动议打破了往日的宁静，激起了乾村村民的不满，他们认为对方“背信弃义”。当然更重要的是，基于上述“原初条件”，乾村村民认为，红岩镇的收费行为并不合理。而因为领导更替等原因，红岩镇的时任领导也并不打算放弃乾村的电费收入。由此，围绕鹰高水电站的收费问题，乾村开始了与电站、红岩镇长达几十年的恩怨纠葛。

二、第一回合的较量

随着电站收费动议的提出，第一轮较量随即展开。成金是乾村的“豪侠”，他是最早站出来反对的人之一。他对红岩镇的领导说道：“你们的这个电站占用了我家的林地①，所以不能够收我家的钱。另外，你们电站占了我们村那么多地，所以也不能收我们村的电费。你们以前都不收的，现在凭什么收?”成金的话无疑代表了乾村全体村民的想法与诉求。与此同时，乾村也召开了多次村民大会，大家都无法接受红岩镇的收费行为。这使得红岩镇的收费计划落空——这显然是红岩镇不能接受的。

以上诉求的较量持续达两年之久，其间乾村村民中没有任何人向电站缴费。到了1990年9月初，鹰高水电站停止向乾村供电。这激起了乾村村民的愤怒。当时乾村的村支书天成带领村民来到电站，直接将引水渠挖掉，这让发电机组停止了工作。随着电站停电，整个红岩镇的夜晚陷入了

① 乾村于1986年实施了“三山变一山”改革，主要是解决林地的确权与承包问题。

漆黑。这次“挖渠事件”无疑把事情闹大了，派出所民警找到了村支书天成。所长跟他说道：“限你在9月23号前把水渠修复，否则我们就抓你。”天成回复道：“如果我们把水渠修好，电站不恢复供电，我们就要继续挖！”虽然天成嘴硬，但是最终还是带着村民去把水渠修通了。当然电站因慑于村民的强烈反应，也给乾村恢复了正常供电。

收费纠纷仍在继续，这时时间已经来到1992年。这一年乾村最终与红岩镇达成了电站收费的第一份正式合同。乾村村民也由此开始了交电费的日子。在这份合同中，电站的收费标准提高到0.24元/度，这在当时无疑是很高的价格。由于当时社会发展水平落后，乾村并没有人使用大功率电器，顶多只有一两个“时髦青年”拥有收音机。再加上，大家平时对电灯的使用也很节省。所以，当时每家每户每月交给电站的电费并不多。

然而电价高是不容忽视的事实。在不满情绪的作用下，在1992年后近20年的时间里，乾村村民与电站乃至鹰高村冲突不断。带着对村干部的不满，以及对鹰高水电站收费的不满，矛盾最终在2008年进一步爆发。

三、不稳定的均衡

2008年，有老板准备投资在鹰高水电站的下游再修建一座二级电站。这自然会再次占用乾村的集体土地，而乾村已风传“村干部要把地卖给别人”。在这种情况下，村民动议召开村民大会。在村民大会上，村民群情激奋，支书和村主任都被吓得不敢说话。与此同时，有村民说道：“已经到解决老问题的时间了，鹰高水电站的电费问题必须解决，乾村人民不能被人欺负。”

在这种情况下，乾村开始与红岩镇重新谈判。与此同时，乾村内部也不断地召开村民大会，讨论电站的收费问题。最长的村民大会开了一天一夜，可见村民们对这件事无比关注。在谈判过程中，村干部阐述了鹰高水电站占用乾村集体土地的事实，并要求拥有该电站的股权。不难发现，随着社会的进步，乾村村干部有了更好的法治意识，懂得运用法律维护自身的合法权益。到了 2010 年，乾村最终与红岩镇达成新的合同。合同约定电费为 0.2 元/度；并且由于乾村“占有股份”，该价格“永远不变”。

在进入 21 世纪第二个十年的关头，0.2 元/度的电价比 1992 年还低了 0.05 元；再加上，村民收入已经不是 20 世纪 90 年代可比。因此，这样的定价实际上只算是“象征性”收费。客观来看，适当的收费也有助于遏制村民随意用电的行为。在这种情况下，乾村围绕“用电”的旧矛盾已经解决，但新矛盾却就此种下。

由于社会发展与生活水平的提高，此时乾村的家庭并不缺少大功率电器。不少的家庭都用上了电饭煲、电视、洗衣机、热水器等电器，甚至有几户人家还购置了打米机。在这种情况下，只要两台以上打米机同时开动，乾村的变压器就必然会烧坏。每逢变压器烧坏，村委会就去找电站的人来维修。几次下来后，电站的电工拒绝出动。他们的理由是：“我们收你们那点点钱，还要天天给你们搞维修，我们不搞了。”最后，村委会只能找到自己的上级政府，即清水镇政府。清水镇政府答应每年给乾村 4000 元的维修基金——这些钱实际都从乾村的“办公经费”中扣掉了。2014 年，乾村村委会向上级政府打报告，请求政府捐助一台更大功率的变压器。随着新变压器的到来，乾村才得以实现“稳定用电”。

到了 2017 年，脱贫攻坚的福利政策给乾村村民带来了“幸福的烦恼”。在脱贫攻坚中，“农网改造”是国家的一项惠民政策，旨在解决电力的“村村通”问题。然而，这在“用自己电”的乾村村民看来是没有必要的。负责装电度表的县供电公司向村民们承诺：免费给村民们安装 1000 元的电度表。然而大家都知道，农网的电费是 0.76 元/度，是乾村现有电价的 3 倍以上。村民们显然不想要农网的电。到了 2017 年年末，村民们纷纷离开打工的城市，回到乾村过年。趁着村民聚齐的时候，乾村召开了村民大会。在村民大会上，村主任对村民们说：“农网改造是国家的扶贫政策，大家要支持。同时我们也要为长远做打算，万一鹰高水电站没了，我们还能用得上电。”然而，无论怎样，村民们只接受 0.2 元/度的电价。在此过程中，县乡两级政府都曾找过鹰高水电站的老板①，希望他能为乾村村民出那剩下的 0.56 元，也被他拒绝。这使得乾村的农网改造工程陷入困境。

为了打消乾村村民的顾虑，也为了让农网改造工程得以正常进行。改造工程最终采用了一种颇为折中的方案：该装的电表继续装，该架的电杆、电线正常架；不过乾村的电暂时不用接入农网。当然，诚如村主任担心的那样，乾村的村民们并不知道，鹰高水电站的电还能用多久。也许只有等到鹰高水电站停止运行的时候，乾村的电才会最终接入农网。就这样，在走向“统一”“整合”的现代叙事中，乾村的用电故事提供了一种颇为另类的叙事。当然无论怎样(即使有极少数村民随意用电等)，村民们都有权利获得从自己的村集体土地上生长出来的利益。

第三节　乾村的山林保护

一、分山与护林制度

乾村森林资源丰富，合抱的松树、杉树在该村并不少见。然而颇为奇怪的是，乾村四周的村庄都没有那么多森林资源。如隔壁的兴隆村，全村地界上就没长什么树，即便长有一些马尾松林，但这些树都长不大。在这种情况下，乾村的树木(木材可用)乃至杂木(用来烧柴)成为四周觊觎的对象。

山林保护所遵循的逻辑并不同于自来水或者水电站。改革开放后，中国实行了家庭联产承包责任制。在坚持集体所有制的前提下，农民获得了耕地的承包经营权。在此基础上，湘西州从 1984 年开始推行“三山变一山”的改革。其核心政策如下：“‘三山变一山’后，山权归集体，林权归个人，砍伐依法，现有林木折价到户，折价款由林木收入中分期扣还给集

① 鹰高水电站后来被拍卖，老板为乾村隔壁村人，原有合同被继续延用。

体，主要用于发展林业。”①1986年，这项改革来到了乾村。在“分山到户”的时候，村干部号召所有户主都上山去见证历史。分山的具体规则如下：如果一个组有20户村民，就将山林分成20份；大家用锄头挖沟作为每一份山林的边界；最后再通过“抓阄”来分得自家那份。在此基础上，如果谁家林地上的茶树（经济林木，其籽可以榨油）多一些，那么那块林地就适当减小一些。这些规则对大家来说“合情合理”。

在20世纪80年代的湘西乾村，贫穷是一种普遍存在的状态。正如同自来水的钢管会被偷来卖，山林被盗也是高发事件。这些被盗的木材主要有三种去向：第一，被拿去换粮食。每逢“青黄不接”时节，便是山林被盗的高发时期；第二，被拿去建房。高大笔挺的杉树是附近乡村建房最爱的木材，因而深受盗伐之害。第三，被拿去当柴烧。“烧柴”做饭、取暖是湘西山区的基本生活方式，这种偷盗行为最为常见。

为了更好地保护森林资源，乾村村委会决定建立“护林员”制度。在分山到户的那一年（1986年），乾村在清水镇各行政村中最早建立起了护林员制度。具体而言，每个村民小组选出一名护林员，其报酬为每年600斤（水稻）谷子。护林员的职责是时常巡山护林，预防和制止偷盗行为发生。护林员通常都背着柴刀上山，有时还会带上鸟枪，看起来英武威严，对偷盗者形成了一定震慑。就这样，随着“分山到户”与“护林员”制度的建立，乾村山林保护的正式规则就此建立。

二、多层护林体系

护林员是乾村护林体系中的第一道“防线”。在保护山林的过程中，护林员最常遇到的就是“偷柴”行为，一般都是进行口头批评，并且不允许将柴火带走。当然，他们有时也会将这些行为告诉被盗主家。在熟人社会中，这些行为不免令人难为情，因此能够很好地遏制村庄内部的相互盗伐

① 袁仕传，全华山. 一条振兴林业的好政策——湘西土家族苗族自治州实行“三山变一山”的调查[J]. 经济问题探索，1985(2)：50-52.

行为。真正难以解决的是其他村人的“偷柴”行为。由于这些人跟主家并不熟，口头批评并不能起太大作用。当然因“柴火”并不值钱，也不会激起主家的强烈情绪。

为了更好地保护乾村山林，仅靠护林员显然是不够的。这需要村民们自发组织与互帮互助。归根结底，在林地确权后，林权受益是与家庭直接挂钩的。村民会朴素地认为，“这是我家的山，那是你家的山”。因此，村民会毫不犹豫地保护自家山林。如前所述，乾村“分林到户”实际上是按山头来分的，这使得村民保护“自家山林”的行为在护林防盗这件事上具有了显著的外部性。原因很简单，没有人会选择在外人在场的情况下实施偷盗行为。

“老刺谷”是一处与鹰高村接壤的山，这里山陡林密，阳光都很难照到地面。因为这种特殊的环境，这座山的防盗任务非常严峻。在这座山里，村民们几乎对盗树行为无计可施。由于偷树的人都是夜间活动，并且使用锯子伐树——声音很小，加上老刺谷的环境，使得这种行为很难被发现。在这里，村民们“斩获”最大的是偷柴行为。带着家里大树被盗的愤怒，老刺谷有林地的村民们很容易一起合作。

三、护林的衰败与重启

让人感慨的是，现在的乾村护林已经没有当年那些“惊心动魄”的场面。而乾村的生态环境却已经好到野猪都开始泛滥，地里的红薯、田里的水稻等农作物惨遭“猪手”的情况已经屡见不鲜。往日被人踩得光滑的林间小道，也因少有人走而长满杂草、灌木与荆棘。总之，乾村的生态环境在21世纪得到了极大的改善，但这却是在护林事业走向衰败中发生的。

在乾村森林变得愈加丰茂的过程中，其护林员制度则走向了消亡。从2003—2017年，乾村已经没有了专门的护林员。村里几位热衷于在林中“讨生活”的老护林员都已经去世，而年轻人对这件事情感兴趣的好像不多。更关键的是，护林员制度运行的经济基础消失了。就此而言，护林员制度的消亡与农村税费改革直接相关——作为村级“提留”的一部分，护林员的“600 斤谷子”已经不准再向农民征收。

与此同时，村民们也不再积极护林了。那为什么村民自己也不积极护林了？从 2004 年开始，打工潮开始在湘西兴起。在此过程中，村民们涌进风林县的矿山，进而再去吉首、长沙等城市，乃至更远的广东、浙江所辖市县。乾村周边村庄的情况也大致如此。这些村庄相比正常情况至少空了一半，学界称其为“空心村”①现象。随着打工潮的兴起：一方面，“柴火”的需求总量直线下降，再好的柴也不会有人偷了；另一方面也没人愿意偷树了，因为打工“来钱更快”。

随着脱贫攻坚的到来，护林员制度得以重生。为了帮助提高贫困户收入，风林县将护林员纳入“公益岗位”，并由县财政支付报酬。在这个时期，护林员的职责相对更多，但实际上也“虚”一些。他们主要是要协助做好森林防火、病虫害防治的工作。当然，跟 20 世纪 80 年代相比，护林员的人数也没那么多了。

第四节　三个案例的比较分析

一、治理民主的基本特性

上述三个案例都曾经出现过治理民主的影子。在这些“影子”中，村民们通过民主方式，富有成效地解决了一些村庄问题，即在一些村庄事务上，乾村曾实现过“有效治理”。从这些事例中，我们可以发现治理民主的基本特性。

(一)形态多样性

治理民主并不固定为某种特定的形式，其本质是人民直接行使决策与

① 秦振霞，杨明金，宋松. “空心村”问题及其解决对策[J]. 农村经济，2009(3)：96-99.

执行的权利。在“自来水”案例中，真正让人感慨的是乾村人自建自来水。在该案例中，村建自来水因各种原因不能满足人们的需求，“关系好”的村民们于是一起合作修建了新的“自用”自来水系统。在护林案例中，村民们则因为地缘相近，更因为帮助或回报他人都只是“举手之劳”而自发组织起来护林。不论怎样，这种民主治理是依靠“自组织”(self-organization)，或“自发秩序”来实现的。

“水电站”案例则呈现了治理民主的另一种形态。在该案例中，村民大会则最终发挥了强有力的作用，它让村干部“挺直了腰杆”去给村庄争取合法利益。虽然村民大会的启动离不开村民倡议，但是村民会议毕竟属于正式制度的范畴。就此而言，确定乾村当前电价的系列村民大会，其运行机理并非依靠自组织或者自发秩序，而是依靠正式组织或“建制秩序”。在这些村民会议中，村民意见显然主导了议程设置，并促使了村干部不打折扣地进行电价谈判。在这种意义上，村民意见通过村民大会获得了“自主性”。因此，这也属于治理民主的范畴。

(二)价值整合性

治理民主的鲜明特点在于兼具民主与效率价值。换句话说，其运行效应具有价值的整合性。在护林案例中，村民的自发护林能得到建构与维系，与护林行为的特点紧密相关。这种行为存在极为明显的正外部性——只要山里有本村人在场，外村人肯定是不敢来偷柴或盗木的。从效率角度看，该行为的投入不大，产出效益非常明显；当然它本身具有浓厚的“草根民主”意蕴。在“自来水”案例中，自建自来水能够成为一种风潮，这显然与其管理方便、功能够用相关；其民主价值也在自组织的机理中得到体现。

相比之下，“水电站”案例中的部分片段更值得我们思考。在乾村近40年的历史中，村民大会如此有力的表现无疑是非常罕见的。正如第四章的调查所发现的，村民大会的组织“费时、费力”，村民对村民大会也没有太多热情。2008年后，乾村就鹰高水电站的电价问题召开过多次村民大会，村民大会最长一次开了一天一夜。这无疑是对“费时、费力”的有力注解。村民大会是村民自治制度中的内容，是国家推进基层民主建设的产物。对此，我们需要站在“现代”的立场来看待村民大会的运行。有别于传统社会的是，现代社会是一个抽象社会，村民大会的效率在其中被抽象化了。①换言之，村民大会的效率并不能由当事人的“当下体验”来衡量。从更长的时间跨度来看，当时的“辛苦”为乾村人赢得了直至今天的低电价，不可不谓“非常划算”。至于村民大会的民主价值，这里就不再赘述。

(三)集体建构性

这里的集体建构性，是指治理民主是由村民的集体行动所建构的。更准确来说，是由村民参与所建构的。如上所述，没有村民参与便没有自建自来水、争取低价电费以及山林保护中的治理民主。这里需要克服正式制度“万能”的倾向，正式制度的确包含了人类行为常规化、重复生产的欲求，但是仅有制度是远远不够的。在这种意义上，追寻治理民主并没有终点，需要人们持续的努力与投入。

当然，在上述三个案例中，治理民主仅仅是“昙花一现”。在许多场景中，村庄治理并不是通过治理民主来实现的。比如说，乾村当下的山林护理在很大程度上已经“专职化”了，成为护林员的专职工作，村民们并不需要参与进来。治理民主对村民参与的“主体性”依赖亦表明其具有“脆弱性”。质言之，治理民主在乾村村庄治理中并没有得到长时间维系，它以“闪现”的方式出现在村庄治理的片段中。这需要我们进行更深刻的思考：治理民主是如何出现的？它又是如何“退场”的？

二、治理民主的核心机制

本书试图从乾村村治的历史变化中识别出治理民主的核心机制。这里

---

① 吴春梅，石绍成. 民主与效率的关系：基于社会治理模式变迁的考察[J]. 江汉论坛，2013(4)：40-44.

的核心机制是指，治理民主赖以实现民主与效率整合的机制。实际上，这就是治理民主与价值整合之间的“因果机制”。在“量化分析”章节中，本书以治理民主为参照证实了村民参与中民主与效率呈正相关，并通过回归分析方法揭示了民主与效率彼此间的因果关系(正向作用)。这间接表明，治理民主对价值整合具有正向作用。然而完整的因果论断不仅依赖因果关系，还依赖辨明“因果机制”。① 这部分即试图在因果机制上取得突破。

(一)“自来水”案例

乾村自来水的修建一方面源于县直部门的拨款，另一方面则源于乾村村委会在集体工程上强大的动员能力。这里重点分析村庄因素。需要指出的是，动员能力的核心变量是权力。在传统中国，村庄权力以“权威”形式存在，体现为“长老统治”；② 在我国国家建设的过程中，党政权力已经能够直接进入乡村。③ 在这种背景下，村委会的动员权力源于国家正式制度。国务院对义务工曾作出如下规定：“农村义务工，主要用于植树造林、防汛、公路建勤、修缮校舍等。”④由此可见，村委会有调用“义务工”的正式权力。该权力由国家行政法规赋予，是一种制度赋权。作为一项全体受益的集体工程，村庄自建体现了村民自治的“自我服务”内涵，因而不能因存在村干部动员而将其排斥在“民主”之外——没有执行力保障的民主是一种没有生命的民主。这种“可治理的民主”是乾村自来水得以兴建的关键。

当然乾村自来水的管理状况并不理想，也可以说其设计存在致命缺陷——这些情况都为村民自建自来水提供了充分理由。这里重点分析这种

---

① Tilly, C. Mechanisms in Political Processes[J]. *Annual Review of Political Science*, 2001(4): 21-41; Gerring, J. Causation: A Unified Framework for the Social Science[J]. *Journal of theoretical politics*, 2005, 17(2): 163-198.

② 费孝通. 乡土中国与生育制度[M]. 北京：北京大学出版社，1998：64.

③ 黄宗智. 长江三角洲小农家庭与乡村发展[M]. 北京：中华书局，1992：182.

④ 《农民承担费用和劳务管理条例》(1991 年 12 月 7 日国务院令 92 号发布)。因资料获取存在困难，本书仅获得 1991 年的资料。在农村税费改革前，使用该资料并不影响分析的准确性。

自建自来水何以可能。在乾村较为常见的情况是，“关系紧密”的几户人家一起共建一套自来水系统。在熟人社会中，村民之间彼此都存在“关系”，这里强调的是“关系紧密”。这种紧密的关系建立在以下几个要素之上：第一，“知根底”。村民因为血缘、地缘等关系的叠加，使得彼此之间较为了解。第二，“合得来”。家庭中有成员彼此在性格上相互合得来，出现问题的协调成本低。第三，“要得开”。大家在经济条件上并无明显差距，在集体行动上可以跟上彼此的步伐。这种自建自来水成为风潮，也在于这种“关系紧密”群体能够在自来水的修建、管理上生成“可治理的民主”——任何家庭可以提出意见；并且可以实现一致行动。或许，这就是熟人社会中集体行动的逻辑。

(二)“水电站”案例

“水电站”案例真正的“亮点”在于2008年后的电价谈判。1992年，乾村显然在第一份“用电合同”中受到了损失。一方面，乾村集体土地被电站占用；另一方面，村民还要缴纳较高的电费。在这种情况下，乾村村民通过启动系列村民大会，最终维护了自身的合法权益，得以长期使用“自家的”低价电。根据《村组法》，村民大会是村庄最高权力机构。村民通过启动议程，形成了立场鲜明、诉求有力的共识，从而推动了第二份合同的签订。在此过程中，可“治理的民主”机制同样在发生作用。

从表面上来看，村民参与之所以“可治理”，是因为村民达成了高度共识；也因为村民大会是《村组法》认可的合法机构。如果深究一下，将其同“自来水”案例进行比较，便会发现问题没有那么简单。在自来水案例中，水管被砍使得大家都没水喝，这在乾村已经成为常态。在这种情况下，偷水管的行为同样受到村民一致谴责；村委会也可以行使其管理职责。为何水电站能触发“可治理的民主”，但自来水就不行呢？

由此可见，仅有利益关联与制度可行还是不够的。问题的关键在于，中国农民的“公共观念”究竟是什么样的。费孝通曾经深刻地指出：

> 一说是公家的，差不多就是说大家可以占一点便宜的意思，有权利而没有义务了。①

实际上，更深入的调研表明：自来水管被“拿走”，在当时的乾村是颇为普遍的事情，很多人并不认为这是不道德的。这大致能够揭示乾村自来水管理状况糟糕的根源。中国农民的“公共观念”应该还有另外一层：虽然自己人可以占一点便宜，但是“外人”则不能这么做。值得注意的是，在差序格局中，自己人和外人是相对的，② 然而现行土地制度在一定程度上矫正了这种“相对性”——这极富现代性内涵。《中华人民共和国土地管理法》赋予村庄以土地所有者的地位，③ 极大硬化了村庄(自然村或行政村)承载“自己人”认同的地位。对待外人，中国农民没有行动上的面子压力，这应该是“水电站”案例中，建构“可治理的民主”的必要条件。

(三)护林案例

同样是集体资源的管理，乾村护林的成效却远高于自来水的管理。造成这种差异的直接原因是：经过“三山变一山”改革，山林被承包到户。农民会自然地认为，“这是我家的山林”；而盗木或偷树的人也知道“这是人家家里的”。中国农民并不会认为，在“抬头不见低头见”的环境中，拿别家的东西是没有问题的——这跟对待“公家”的自来水管态度完全不一样。在此基础上，有护林员负责监护、看管，问题便能更好地得到解决。

护林员制度的运行亦类同自来水的修建，其中都生成了“可治理民主”的机制。不过，它们在制度安排上存在一些差异：在自来水案例中，村委会能够动员义务工；在护林员制度中，村委会能够收取“村提留”，特别是支付给护林员的管理费。当然护林员制度变得“可治理”最重要的还是因为

---

①　费孝通. 乡土中国与生育制度[M]. 北京：北京大学出版社，1998：24.

②　费孝通. 乡土中国与生育制度[M]. 北京：北京大学出版社，1998：30.

③　《土地管理法》第9条规定：“农村和城市郊区的土地，除由法律规定属于国家所有的以外，属于农民集体所有；宅基地和自留地、自留山，属于农民集体所有。”

“三山变一山”所塑造的制度环境——该制度能够有效地嵌入每家每户。如果没有该“社会产权”制度的支持，护林员怎么也堵不住本村盗木或偷柴的人。

护林案例中颇为值得探讨的还有村民的自发护林行为。在“自来水”案例中，村民“自主供水”依靠的是合作行为——共同谋划、共同出资、共同出力与共同管理。护林行为则主要依靠的是互助行为。在护林过程中，村民们很容易帮到别人家；这一次帮别人，下一次也很容易获得别人的回报。这就最终建立起了稳固的互惠互助关系。在这里，村民们的“利他”行为不过是举手之劳。在这种意义上，我们不难理解：为何效率有助于民主的提升——它赋予民主以可治理性。这正是本部分所不断强调的“可治理的民主”。

三、治理民主的中国底色

（一）社会主义：建构公共利益的体制基础

治理民主是中国特色的公共参与范式，是对自由民主范式的超越。一般认为，公共利益是孕育公共参与的基本条件。然而，公共利益是需要国家建构的，建构公共利益是国家能力的重要表现。① 在这个方面，社会主义制度具有资本主义制度无法比拟的优越性。具体而言，社会主义公有制为建构公共利益提供了坚实的体制基础。

这里以农村土地制度为例，中国农村实施土地“集体所有制”。根据《土地管理法》第 9 条，“农村和城市郊区的土地，除由法律规定属于国家所有的以外，属于农民集体所有”。这就建构了一种具体的、边界明晰的公共利益。在“水电站”案例中，乾村村民因集体土地被占用，便与水电站所有方展开了旷日持久的拉锯战。其村民大会的有效性、村民参与的强度

① 塞缪尔·亨廷顿. 变化社会中的政治秩序[M]. 王冠华，刘为，等，译. 上海：上海人民出版社，2008：19-20.

在乾村历史上可谓仅此一例。同样的逻辑，如果土地等集体资源能够落到自然村(村民小组)一级，那么村民参与公共事务的状况应该会大为改观。这里以《土地管理法》第 11 条为例，其中有如下规定：“农民集体所有的土地依法属于村农民集体所有的，由村集体经济组织或者村民委员会经营、管理；已经分别属于村内两个以上农村集体经济组织的农民集体所有的，由村内各该农村集体经济组织或者村民小组经营、管理。”不难发现，村民小组也可以拥有集体土地的经营管理权——因相关条件限制而较为少有。如果相关法律能够进一步赋予村民小组集体资源经营、管理权，那么中国农村有望建立起多层次的村民参与，治理民主也将会拥有更扎实的体制基础。

(二)熟人社会：维系公共伦理的社会基础

熟人社会是村庄公共事务运行的社会背景。实际上，任何公共事务都无法从其社会背景中抽离出来。这算是政治社会学的一个基本常识。“熟人社会”是费孝通在《乡土中国》中提出的概念，这被视为中国社会的贴切概括。熟人社会本身便拥有一套交往规则，这就是“礼”制。① 当然，这并不是本书所倾向的观点。正如“自来水”案例揭示的那样，这套交往规则在村庄共同体中容易“化公为私”。在此基础上，本书更倾向于将熟人社会视为一个“信息场”，信息对称是其突出特点。

作为信息对称的“场”，熟人社会在基层善治中的作用不可低估。② 在阿伦特看来，这种信息对称的特质有助于公共性的建构。③ 在这种情况下，依赖村民参与或深度嵌入村庄社会的正式制度通常能得到有效运行。具体到本书的案例中，护林员制度能够有效地防止村民之间相互偷柴或盗木。

---

① 费孝通. 乡土中国与生育制度[M]. 北京：北京大学出版社，1998：50.

② 贺雪峰. 论半熟人社会——理解村委会选举的一个视角[J]. 政治学研究，2000(3)：61-69.

③ 汉娜·阿伦特. 人的条件[M]. 竺乾威，等，译. 上海：上海人民出版社，1999：38.

这个案例的启示在于，熟人社会中的正式制度需要进一步放大其中的关键信息，使它们从社会“幕后”走向制度“前台”。唯其如此，才能让共同体中所有成员(包括管理者)尊重他人权益、爱护集体利益与遵守规则——本书将它们称为公共伦理。根据以上分析，熟人社会尽管难以独立维系公共伦理，但它仍然不失为维系公共伦理的社会基础。

(三)国家嵌入：乡村治理的权力基础

现代政治存在两个相向的过程：一是社会大众对公共事务参与的扩大；二是国家对社会渗透程度的不断提升。近代以来，中国开启了政治现代化的过程。在此过程中，国家对乡村社会进行了多维度渗透①，党政组织在基层扎根便是其突出表现②。这里要强调的是国家的制度嵌入，比如《村组法》便是国家立法确定的，其中包含了国家发展基层民主的目标取向。虽然“自组织”层面的公共治理不需要权力介入便能有效，比如，21世纪以来乾村村民自建自来水的浪潮。然而随着共同体规模的扩大，成员异质性增加，没有权力介入其内部事务不可能实现有效治理。③

乾村“自来水”案例的历史变迁能很好地说明这个问题。村庄自来水系统得以修建，乾村每家每户“出义务工”自然功不可没。该村几十年来的习惯是，每到出工的时候，村主任或支书总会先在村口“喊两嗓子”。如前所述，这种动员能力是建立在国家赋权基础上的。在农村税费改革后，这种权力随之被国家取消。在这种背景下，村庄自来水的重建已经不能够再动用义务工。这种情况在“山林保护”案例中也得到了同样的体现。我们知道，村委会是一个公共权力组织。在现代社会中，公共权力的行使都要按照法律与规则来，而这些规则归根结底是由国家制定的。在这种意义上，

① 杜赞奇. 文化、权力与国家：1900—1942年的华北农村[M]. 王福明，译. 南京：江苏人民出版社，2003.

② 黄宗智. 长江三角洲小农家庭与乡村发展[M]. 北京：中华书局，1992.

③ 亨廷顿. 变化社会中的政治秩序[M]. 王冠华，刘为，等，译. 上海：上海人民出版社，2008：8-9.

国家的制度嵌入为乡村治理提供了重要的权力基础。

(四)承包到户：实现人人负责的制度基础

江泽民曾经指出："包产到户、乡镇企业和村民自治，都是党领导下农民的伟大创造。"①这里的"包产到户"也就是"家庭联产承包责任制"。这种制度的核心在于：耕地所有权归属村集体；经营管理权则归属家庭，并自负盈亏。其中"集体所有"保持了社会主义公有制，而"家庭承包"解决了经营责任问题。这就成功解决了公共利益与私人利益的联结、共赢问题，的确不失为上述"伟大创造"的评价。

在公共资源的管理中，"权力失灵"的现象非常常见。纵观乾村上述案例，"权力失灵"在各领域、各时段都曾经出现过。公共权力机构是公共治理的重要主体，但并不是唯一主体。正如同本书的核心关切：如果没有村民参与，诸多村庄事务都难以有效运转。这里将进一步追问，存在"共同利益"的基础上，村民将在什么情况下采取行动？在"自来水"案例中，水管被盗使得大家都没水喝，但是乾村一直没能采取有效的管理措施。这种类似的情况在"山林保护"案例中则走向了终结。原因在于，"三山变一山"改革确立了家庭的经营责任制，家庭成为偷盗行为的直接受害者。这种"直接受害"激起了村民对山林的保护意识。村民自建自来水实现稳定运营的原理与此相似，虽然它们并不是"承包制"的产物。它们的共同点在于：建立起了与个人权利而非义务相关的责任机制。

① 江泽民文选：第2卷[M]. 北京：人民出版社，2006：210.

第六章　通往有效治理的路径分析

在乡村振兴背景下，推动有效治理已经成为重要的时代命题。要实现有效治理，在目标定位上，需要着力建构村庄治理民主；在实践基础上，需要重建村庄公共生活；在治理结构上，需要完善多层民主的体系；在保障机制上，需要让“四个民主”运转起来。

第一节　发展村庄治理民主

一、有效治理的范式选择

社会历史的发展阶段限定并根本上决定着人的选择。2021 年，中国取得了脱贫攻坚的全面胜利。在新的历史征程中，中国以“乡村振兴”统领“产业兴旺、生态宜居、乡风文明、治理有效与生活富裕”。从整体来看，追求“美好生活”已经成为人民的主要需求，而不断满足人民的“美好生活”需要也已成为中国在新时代的主要任务。由此可见，乡村振兴的“20 字方针”实际上是“美好生活”在农村场域的具体化。

不同于西方国家的“自由”神话，“美好生活”具有历史唯物主义的浓重色彩。具体而言，“生活”是“现实”①的，而不是神秘与抽象的。与此同时，我们不妨再次引用卢梭的话：“政治结合的目的是为了什么？就是为

① 马克思、恩格斯通常将“生活”与“现实”合成“现实生活”一词并用，见《德意志意识形态》。马克思恩格斯选集：第 1 卷[M]. 北京：人民出版社，2012：141-215.

了它成员的生存和繁荣。”①在此基础上，正如行政学创始人威尔逊所说的那样，在公共行政中“最大的善”就是效率②——再美好的诉求，没有有效执行也无法成为现实。在新时代的农村发展中，“有效治理”无疑顺应历史潮流，亦符合真正的“治道”。

本书认为，治理民主是有效治理目标下的范式选择。在政治层面，治理民主是一种新型的民主模式，是对“自由民主”模式的超越；在治理层面；治理民主是一种新型的公共参与模式，是对村民自治的深化与拓展。中国特色社会主义制度是治理民主的体制基础，社会主义公有制为建立广泛、多层的村民参与提供了可能。归根结底，社会主义公有制在公共利益的建构上，具有资本主义制度无可比拟的优越性，建构公共利益是国家治理的核心能力。

如上所述，治理民主是一种新型的公共参与范式。其核心机制是“可治理的民主”，其价值效应是“民主与效率的整合”。本书通过定量研究方法证明了村民参与中的民主与效率“事实上的伙伴关系”，并证明了民主对效率的促进作用，以及效率对民主的推动作用。本书还通过质性研究方法(比较历史分析)揭示了有效治理离不开“可治理的民主”这一机制，它是治理民主实现“民主与效率整合”的根本所在。当然，本书还对“可治理的民主”机制的生成条件进行了较为深入的探讨。

村民参与中民主与效率正向关系的证明，为治理民主的建构提供了理论支撑；而治理民主对“民主与效率整合”作用机制的发现则为将治理民主作为治理有效目标下农村基层的治理范式提供了理论依据。总而言之，在乡村振兴背景下，治理民主是实现农村有效治理的重要选择。

二、有效治理的目标体系

一般而言，村民参与中民主与效率存在如表 6-1 中的九种配对关系：

---

① 卢梭. 社会契约论[M]. 何兆武，译. 北京：商务印书馆，2008：107.

② Wilson，W. The Study of Administration[M]. *Political Science Quarterly*，1887，2(2)：197-222.

1-1、1-2、2-1 与 2-2 四种情况都是可以接受的。由于民主与效率正相关关系的存在为两者的整合提供了非常光明的前景，因此，从规范角度来看，应该在村民参与中树立“强民主与高效率”的“双强”总体目标。与该“双强”目标所匹配的治理模式便是治理民主。

表 6-1　村民参与中民主与效率的配对矩阵

效率程度／民主程度	高效率	中效率	低效率
强民主	1-1	1-2	1-3
中民主	2-1	2-2	2-1
弱民主	3-1	3-1	3-3

在确定了“治理民主”总目标的基础上，我们可以制定如表 6-2 的“有效治理的目标体系”。现实具体目标，主要包括公共参与的实践基础、治理结构与保障机制三个层面。在实践基础上，需要重建村庄的公共生活。这就需要重建村庄公共空间，为公共生活提供物质载体与制度载体，需要

表 6-2　有效治理的目标体系

总体目标	目标层级	具体目标
治理民主	实践基础	建设村庄公共空间
		培育公共精神
	治理结构	保障正式平台上的村民参与
		推动体制吸纳上的村民参与
	保障机制	切实推行民主选举
		建立健全民主决策程序
		建立民主与科学的管理机制
		完善并推动民主监督

培育乡村公共精神，为公共生活提供精神动力。在治理结构上，应该建立多层民主的治理结构。这需要保障正式平台上的村民参与，需要推动体制吸纳基础上的村民参与。在保障机制上，需要让“四个民主”运转起来。这需要切实推动民主选举，需要建立健全民主决策机制，需要建立民主与科学的管理机制，需要完善并推动民主监督。

第二节　重建村庄公共生活

公共生活是人类生活的重要领域。我们不妨把那些将公共生活作为自身生活一部分的人称为“公共人”，他们只有在公共生活中才能获得其自身的完整性，与“原子化”的个人形成了鲜明对比。从理想意义上看，“公共人”构成了治理民主的主体来源，也构成了村民参与中民主与效率的整合主体性的前提。因此，村庄公共生活的重塑将为有效治理提供坚实的实践基础。

一、建设村庄公共空间

诚如弗雷德里克森所言，公共生活离不开一定的公共空间，它对提高公共生活的质量有积极的作用。① 在哈贝马斯的笔下，沙龙、咖啡馆、报纸等构成了重要的公共空间，这就表明公共空间需要一定的物质载体。实际上，公共空间不仅需要物质载体，也需要制度载体，它可以被视为连接私人领域与国家的制度空间。②

需要注意的是，在当代的中国农村，公共生活在人民公社时期达到顶

① 乔治·弗雷德里克森. 公共行政的精神[M]. 张成福，等，译. 北京：中国人民大学出版社，2003：44.

② 哈贝马斯认为，现代意义上的公共空间实际上是一个制度范畴。从他的这段表述中可见端倪，“作为制度范畴，公共领域作为一个和私人领域相分离的特殊领域，在中世纪中期的封建社会中是不存在的”。参见尤根·哈贝马斯. 公共领域的历史转型[M]. 曹卫东，等，译. 上海：学林出版社，1999：6.

峰后，骤然轰塌并急剧减小。人们在一天的辛劳之后，都在私人化的娱乐中过完一天，人们之间的交往变少，传统的社会关联纽带面临着危机，“原子化”的村庄社会已不鲜见。人与人就政治问题的言谈和议论退缩到家庭的范围之内，这就是张明澎所言的“讨论政治”。这种言谈的公共性非常弱。为了改变这种状态，可以将公共生活空间的营建作为突破点。当前，有不少农村已经建立起了农家图书馆、健身场地、篮球场、棋牌室等公共设施，这些设施可以帮助村民提高知识水平、健康体魄，建立健康的娱乐休闲和生活方式(去除如赌博之类恶习)。从集体的层面来看，这促进了村民们相互之间的交流，有利于克服“原子化”村庄社会的出现。

目前的《村组法》已经为村庄公共空间提供了基本的制度框架。总的来看，村庄诸多重大事项，包括村委会的建制与变更、选举委员会的确定与罢免、涉及村民利益的重大事项、村民自治章程和村规民约的设定与更改等①都离不开村民会议的运作，村民会议是村民公共生活的核心部分，也是村庄治理的核心机制。然而，现实中村民会议在村中至高无上的地位却有“虚置”的危险，即很多本应该通过村委会解决的问题却被刻意地绕开了。因此，要切实落实国家为村民自治提供一系列制度规范。

二、培育乡村公共精神

“乡村公共精神是指村民在处理个人利益与村庄公共利益的关系中所具有的关心与积极参与公共事务、政治利他、爱心和奉献等公共价值与信念。”②公共生活运行不仅需要物质载体，也需要精神动力。乡村公共精神是村庄公共生活一种有效的内在驱动力，因此，培育乡村公共精神有利于村庄公共生活健康、有序地进行。

村民积极参与村庄事务有助于村庄民主程度的提高。故此，乡村公共精神的培育对提高村民参与的民主程度有很大的促进作用。乡村公共精神

① 参见《中华人民共和国村民委员会组织法》第19、20条等。

② 吴春梅，石绍成. 乡村公共精神：内涵、资源基础与培育[J]. 前沿，2010(7)：131-135.

的培育实际上也就是村民的政治社会化过程，即它力图让农民内化一整套适应治理民主的思维及行为方式，其核心在于公共参与意识。具体而言，乡村公共精神培育应适当发挥熟人社会的作用，以激励熟人社会的利他意识和奉献行为；要合理利用基于血缘与地缘关系的村社共同体意识，因为它们毕竟较“原子化”人际关系具有更强的公共价值取向和文化认同；也亟需培育村民的政治契约精神，提高他们在村庄公共生活中的权利与义务意识。

从根本而言，乡村公共精神建立在一系列客观的物质基础上。其中最重要的应该是公共利益，而“集体物品”无疑是公共利益最重要的呈现形式。因此，提升村庄组织(村两委及其他民间组织)集体物品的提供能力至为关键。前文曾经指出，社会主义是中国构建公共利益的体制基础。在这种意义上，探索符合地方比较优势，相关主体激励相容的新型村级集体经济，或许是培育乡村公共精神最坚实可靠的基础。

第三节　完善多层民主体系

村庄权力结构是一个多层结构①，这些结构包括村庄体制精英、村庄非体制精英以及普通村民。需要说明的是，他们所依赖的活动纽带是不一样的。它们的运行构成了前文所说的“多层民主”。完善多层民主体系有助于实现村庄的有效治理。

一、保障正式平台上的村民参与

通常来说，村民大会、村民代表大会以及村委会都是村庄正式的权力机构，当然村党组织也是重要的正式权力机构。这些正式机构构成了村庄集体事务运作的基本平台。推动这些平台的良好运转在很大程度上就需要

① 仝志辉，贺雪峰．村庄权力结构的三层分析[J]．中国社会科学，2002(1)：162-165.

保障村民在不同情况下的多元参与。以上平台应该严格遵守以下基本原则：

第一，切实保障村民大会的实际运行。村民大会是村庄最高权力机构，村庄最重要的事务必须要交由村民大会讨论。特别是需要保障村民对村民会议的召集权，而不只是由村委会负责。

第二，保障村民对村民代表的提名权与选举权，而不得由村干部指定代表人员。具体办法可以参见《村组法》第25条的规定："人数较多或者居住分散的村，可以设立村民代表会议，讨论决定村民会议授权的事项。……村民代表由村民按每五户至十五户推选一人，或者由各村民小组推选若干人。"

第三，严格执行党内民主的有关规定。党组织在当今中国农村事务中发挥着引领作用，尽管理论上它只负责党内事务，而不管村务。严格地执行党内民主的有关规定，真正做到民主协商、民主决策，会对村民参与的民主与效率状况产生一连串有利的连锁反应。随着村主任与支书"一肩挑"渐成主流，党内民主愈加重要。

二、推动体制吸纳下的村民参与

（一）发挥村民小组的积极作用

体制吸纳①是指既有体制对既存权力运作方式认可并吸收的过程。实际上，《村组法》在一定程度上就对村民小组采取了吸纳的态度，典型之处在于其中的第25、28条等条文对村民小组、村民小组长以及村民小组会议

① 这一概念源于金耀基的"行政吸纳政治"，意指英国的统治精英通过将非英国的精英吸纳到行政裁决机构中，以扩大其合法性的做法。参见金耀基. 中国政治与文化[M]. 香港：牛津大学出版社，1997：45. 这一概念见于水. 乡村社会体制吸纳与协同治理的现实之辨[J]. 江海学刊，2008(6)：79-83. 于水认为："体制吸纳是行政权力吸引社会组织或个体精英进入公权领域运作的社会过程"，本书对体制吸纳的定义与他们略有差别。

地位与功能的认可和规定。这就为非体制精英与普通村民这一权力结构发挥作用提供了充分的条件。① 不过，正如贺雪峰指出的那样："在当前中国绝大多数农村，村民小组大都仅有一名不再有实权的村民小组长。"不仅这样，有部分地区已经取消了小组长这一职位。

作为典型的熟人社会，村民小组(自然村)的民主运作是非常理想的②，其功能的丧失，对村庄治理的民主程度带来了不可避免的负面影响。本书的实证研究也已证明，现有"体制外自发型参与"与民主存在一定的正相关关系。因此，可以在《村组法》的基础上，推动现有体制对该层权力结构的吸纳，使之获得合法的、制度化的运行。本书的实证研究还表明，如果进一步赋予村民小组在集体资源上的经营管理权，或许有助于建立更广泛、更高强度的村民参与。这应该是"倒逼"村民小组发挥作用的重要途径。

(二)发挥"自组织"的积极作用

这里的"自组织"是一个宽泛的概念。一般而言，南方农村的宗族组织还发挥着较大作用，它们主要是建立在亲缘关系上的。在北方农村，宗族力量已基本消亡，亲缘联结更主要体现在直系亲属、姻亲等"小亲族"上。这两种是中国较为"原生"的，也是备受学界重视的自组织。更具现代意涵的，实际上还有一些民间团体，如舞龙队、看青会等。在已有研究中，不少学者已经揭示了这些自组织的积极作用。③

---

① 一般而言，由于农村的"聚落"特征，非体制精英影响的范围是有限的，他的影响力一般集中于自然村(村民小组)之内。

② 贺雪峰. 乡村治理的社会基础：转型期乡村社会性质研究[M]. 北京：中国社会科学出版社，2003：51.

③ 温莹莹. 非正式制度与村庄公共物品供给——T村个案研究[J]. 社会学研究，2013(1)：113-133；Lily, L. T. Solidary Groups, Informal Accountability, and Local Public Goods Provision in Rural China[J]. *The American Political Science Review*, 2007, 101(2)：355-372.

上述“组织观”肯定都是成立的，但“组织”远不止于此。本书认可费埃德伯格（Erhard Friedberg）的一个观点：组织是“集体行动得以发生的领域”。① 原因在于，社会本身是变动不居的。在村庄社会中，因为爱恨情仇，很多亲情、朋友、关系都会解体与重组。因此，上述“组织观”不免有些过于机械。在本书的质性研究中，村民们为了得到更好的供水会自发地“自建水池”，村民们在护林中也会自发地采取互助行动。在这些事例中，上述机械的组织观都难以提供解释。

自组织最大的特点是自发、自主地运行。对于自组织而言，并不存在“参与不足”的问题，它们似乎是社会中的“永动机”。另外，对国家而言，自组织的运行成本是内化的，并不需要为此支付成本。因此，自组织的运行具有高效率的特点。与此同时，“自发”“自主”恰是“草根民主”的重要特征。综上可见，有待于在体制吸纳的基础上，发挥自组织的积极作用，并将其纳入村民自治的范畴。在此基础上，现有村民自治系统便会真正成为一个“多层民主”体系。这将为治理民主的运行以及有效治理的实现奠定扎实的结构基础。

第四节　让“四个民主”运转起来

民主选举、民主决策、民主管理与民主监督“四个民主”构成了治理民主的基本内容。因此，它们的良好运行将构成有效治理的直接保障。需要指出的是，虽然字面上呈现的是“四个民主”，但是它们都是有效率的“民主”。

一、切实推行民主选举

从实证结论中可以看到，干部行动速度因子对民主的影响竟然比参与

① 埃哈尔·费埃德伯格. 权力与规则——组织行动的动力［M］. 张月，等，译，上海：上海人民出版社，2005：3.

系统改善还大。原因在于，制度是死的，而人是活的。只有良好素质的村干部，才能更好地推动村庄公共事务既民主又高效地运行。挑选良好素质的村干部是通过选举来完成的，因此选举活动在村庄政治中占据着至关重要的作用。《村组法》第三章对村委会成员的选举规程与方法作出了较为详尽的规定，这里挑出几个重要问题进行简单的论述：

第一，要严格执行“村民委员会主任、副主任和委员，由村民直接选举产生。任何组织或者个人不得指定、委派或者撤换村民委员会成员”①的规定。不过，需要指出的是，村支书和村主任作为村里的第一、二把手需要完成一定的、上级政府布置的任务，为了工作的方便，乡镇一级政府存在插手村庄选举的可能。这些情况需要严格制止。

第二，要严格执行“村民选举委员会成员被提名为村民委员会成员候选人，应当退出村民选举委员会”②的规定。选举的时候可能会出现选举委员会成员被强势候选人指定的情况。

第三，要严格执行“选举村民委员会，由登记参加选举的村民直接提名候选人”③的规定。应该着力消除乡镇对选举结果存在干扰的可能；应该保持选举委员会成员的合理配置；应该切实落实村民对候选人的提名权。

二、建立健全民主决策程序

重大项目的参与和民主存在明显的正相关，对效率也具有促进作用。因此，完善重大项目决策参与制度，对有效治理有积极的促进作用。从浙江温州等地的经验来看，“协商民主”是一种不错的选择，主要方法如下：

第一，选举一位口才良好、能力较强、具有较高威望的人担任主持人。主持人的基本职责在于引导会议的基本议程，帮助参会村民实现有序的辩论，态度保持中立而不能对参会者施加影响。

① 参见《中华人民共和国村民委员会组织法》第 11 条。
② 参见《中华人民共和国村民委员会组织法》第 12 条。
③ 参见《中华人民共和国村民委员会组织法》第 15 条。

第二，让愿意发言的村民，包括村干部进行一到两轮陈词与辩论，如果第一轮辩论之后，分歧已不太明显则直接进入表决程序；如果第一轮辩论后，分歧仍然明显，主持人则就争论的核心问题布置第二轮发言和辩论。其间可以有小段时间的休息，让争论方能够冷静下来。这一环节的主要目的在于避免低级的“吵闹”现象，也是为了参会村民对议题有深入、全面的理解。

第三，进入表决程序，获取具有“合法性”力量的决策。一般说来，表决方式采用无记名投票为佳。如果事项至关重要，则需要参会者一半(或三分之二)以上的同意；如果事项并非“至关重要”，则采用简单的“少数服从多数”即可。通过建立健全集体协商和表决办法，将能够提高村集体决策的民主性与科学性，从而为解决工程成本过高、质量不过关等问题打下良好基础，而从本书的实证结论来看，它们都对民主有促进作用，从而推动村民参与中的民主与效率进入良性循环。

三、建立民主与科学的管理机制

集体资源作为“民主管理”的基本对象，它构成了最常见的村庄“日常事务”。本书实证分析已经指出，日常事务参与对效率的影响是最大的，它应是提高村民参与效率最重要的着力点。然而，集体管理可谓是一个世界性难题，乾村自来水管理的“碎片化”就很难说是很好的方案。

为了实现公共资源的有效管理，应该坚持以下几项原则：(1)规则的边界应该得到清晰的界定。比如说，公共资源的边界应该确定，使用者的范围应该得到清楚的界定。(2)在强化“社群”观念的基础上，让有关各方参与到规则的制定中来。通过社会资本的激励与约束作用，有利于发挥制度“软”作用的一面；通过民主的商谈则有利于发挥契约“硬”作用的一面。(3)违规者应受到分级处罚。分级处罚有利于触犯者“有节制地”违反制度规定，同时，实施的处罚(S)应让遵守规则的收益(Ct)要高于违反规则所带来的收益(Bt)，即 Ct>Bt-S。①

从前面的实证结论可以推出：集体项目执行环节中的参与对效率的影响程度较高，且与民主存在正相关(属于“日常事务”)。因此，提高项目执行的效率对村民参与总体效率的提升有重要作用。总体而言，项目执行效率低下集中表现为项目工期过长，其原因有村民积极性不高和“磨洋工”等问题。要解决此类问题，必须建立科学的施工管理办法。

村干部可以督促村民不要偷懒和“磨洋工”，也可以“身先士卒”式地发挥积极带头作用，感染和激励村民。不过从更科学的角度来看，为了保证项目的进度，通常可以借鉴彼得·德鲁克的目标管理法。目标管理法是一种既民主又有效率的管理方法。其民主之处在于，村民可以参与项目进度的制定；其有效率的地方在于，每天的工程进度都可以明确下来，工作责任可以落实到每个小组或者个人。在引入目标管理法时需要注意以下两点：一方面，需要让村民参与到项目进度与任务分配的制定中；另一方面，要确定每天(或者其他时段)的工程进度，同时将工程平均分给若干个小组，以实现小组之间的竞争和责任落实。

四、完善并推动民主监督

既然人类作为政治活动的主体，那么制度与规范等只有被人激活之后，才能发挥其作用。如前文所言，干部行动速度因子对民主的影响比参与系统改善还要大。因此，在通过民主选举产生村干部之后，还应建立并有效运行监督机制，使干部的行为规范化，从而改善村庄治理的民主与效率状况。

从乾村来看，村民监督效能感不足、监督缺失较为明显的。但是我们注意到，《村组法》对村民民主监督是积极鼓励的。总体而言，可以从以下

① 埃莉诺·奥斯特罗姆. 公共事物的治理之道——集体行动制度的演进[M]. 余逊达，陈旭东，译. 上海：三联书店，2000：72.

几个方面来探讨有效监督的建立与完善。

第一，建立村民选举的监督机构。这一机构的人员由村民选举产生，任期同村民委员会一致，它们同为村民大会的下设机构。在人员构成上，监督机构不得与村委会相同。该机构的职责在于监督村集体财务的使用情况，以及村委会成员的行为规范。它只具有村庄集体事务的监督权，但没有决策权。

第二，推动和落实村务公开。村务公开不只是设置“村务公开栏”那么简单。村务公开的关键是，要明确村民在村务公开中的参与权，只有保障村民参与才能真正地做好村务公开工作。

第三，推动村干部绩效评价。可以建立由监督机构实施的村干部绩效评价机制，以此来督促村干部做好本职工作。从技术上来看，可以通过“满意度调查”等方式进行。同村民选举一样，让 18 岁以上全体村民打分即可。评价结果列入“村务公开”的范畴。

附录　调查问卷

村民参与中的民主与效率状况调查表

亲爱的村民朋友：

您好！这是一份科学研究调查问卷。我们主要想针对湘西地区当前的村民参与状况进行研究，目的在于弄清楚村民参与中民主与效率的现状、公共参与中民主与效率的关联状况及其影响因素。

本调查不记录被调查者的姓名，所有数据仅用于统计分析。请您根据你们村里的实际情况进行填写，所有答案均无对错之分。您提供的资料对这项研究非常重要，我们热切期待您的支持与合作！我们将严格遵守《统计法》，对您所提供的情况予以保密。请在合适的“□”内打“√”，本调查的所有问题均为单选。

衷心感谢您的支持与合作！

华中农业大学“村民参与中的民主与效率”课题组

2010 年 7 月

第一部分：您的基本情况

1. 您的性别：

□男　　　　　　　□女

2. 您的年龄：

□18～30岁　　□31～40岁

□41～55岁　　□56～70岁

3. 您的教育程度：

□小学以下　　□小学　　□初中

□中专　　□高中及以上

4. 您在本村的亲兄弟、堂兄弟共计________人

5. 您的职业经历(包括以前和现在)：

□国家机关、国有企事业单位工作人员

□村组干部　　□军人　　□个体经营户

□普通农民　　□其他

6. 您家2009年的人均纯收入为：

□1000元以下　　□1001～3000元　　□3001～5000元

□5001～10000元　　□10001元以上

7. 您是否了解本村《村规民约》的基本内容：

□是　　□否

8. 您是否愿意做以下事情：

A. 关注集体事务：□非常愿意　　□愿意　　□无所谓

□不愿意　　□非常不愿意

B. 义务修自来水管：□非常愿意　　□愿意　　□无所谓

□不愿意　　□非常不愿意

C. 在村民会议上发言：□非常愿意　　□愿意　　□无所谓

□不愿意　　□非常不愿意

D. 为候选人拉票：□非常愿意　　□愿意　　□无所谓

□不愿意　　□非常不愿意

E. 竞选村干部：□非常愿意　　□愿意　　□无所谓

□不愿意　　□非常不愿意

第二部分：村民参与的民主状况测量

请根据村里的实际情况，对下列问题和看法进行评判，评判分为“非常同意”、“同意”、“不一定”、“不同意”与“非常不同意”5个等级，请在您认同的等级框中打“√”。

问题和看法		同意程度(只选一项)				
		非常同意	同意	不一定	不同意	非常不同意
参与广度	+A1. 村里在家的、18岁以上的成年人大部分参加村委会的选举投票					
	-A2. 村公路路基整修需要每家每户都出义务工，但是只去了少部分人					
	+A3. 开村民集体会议需要每家都派一位代表，一般来说，多数的家庭都会有人到场					
参与深度	-B1. 需要村民一起商量、一起做的事都是在村干部的组织、发动下进行的					
	-B2. 村里组织召开村民集体会议的主要目的往往都是为了传达上级指示精神					
	+B3. 几个人聚在一起的时候，我们会私下里谈论村里集体的事情					
	+B4. 村民们会主动组织起来找村干部商量村里事务的解决办法					
	+B5. 遇到并不需要集体出工的工程项目，村里都会通过公开招标的方式承包给有能力的人去做					
	+B6. 村民热心和积极参与村里事务，并实现了“村民当家作主”					

续表

问题和看法		同意程度(只选一项)				
		非常同意	同意	不一定	不同意	非常不同意
参与范围	+C1. 村里 18 岁以上的成年人都有资格参加村干部选举的投票					
	+C2. 村公路要修到哪里，水泥要铺到哪里，这些事都听取了村民的意见					
	+C3. 村小学(包括篮球场等配套设施)如何修建，听取了村民的意见					
	+C4. 村民能够监督本村资金或集体财产的使用情况					
	+C5. 村民能够监督村干部的职务行为是否符合规定					
	−C6. 在发生干旱的时候，村里自来水中水池的供水量没有能够得到统一协调					
参与强度	+D1. 一般情况下，村干部选举结果是尊重多数村民意见的					
	+D2. 在召开村民集体会议的时候，主要问题是由村民意见决定的					
	+D3. 村民的集体参与在村集体事务的决策与执行等过程中占有非常重要的地位					
	+D4. 包产到户以来，村民对集体事务的影响整体上是不断提高的					

第三部分：村民参与的效率状况测量

请根据村里的实际情况，对下列问题和看法进行评判，评判分为“非常同意”、“同意”、“不一定”、“不同意”与“非常不同意”5个等级，请在您认同的等级框中打“√”。

问题和看法		同意程度(只选一项)				
		非常同意	同意	不一定	不同意	非常不同意
时效	−E1. 这年头要把村民组织起来开展集体活动是很花时间的					
	−E2. 村里组织召开村民集体会议一般都要浪费很多时间					
	−E3. 村公路路基整修工程的完工时间比计划的要晚					
	+E4. 村干部对村民的意见反映很快，很及时					
	+E5. 如果有公事需要找村干部，他们一般都会办得比较快					
投入产出比	+F1. 村委会选举虽然耗费了一定的人力、财力和物力，但从选举结果看，这些付出还是挺划算的					
	+F2. 村集体事务决策虽然耗费了一定的人力、财力和物力，但从决策结果看，这些付出还是挺划算的					
	−F3. 按市场价格来看，修建村小学还是花了很多钱的					
	+F4. 村小学的工程质量和所耗费的财力是相称的					
	−F5. 按市场价格来看，修建村公路还是花了很多钱的					
	+F6. 村公路的工程质量和所耗费的财力是相称的					

续表

问题和看法		同意程度(只选一项)				
		非常同意	同意	不一定	不同意	非常不同意
效益	+G1. 选举产生的村干部素质越来越高					
	+G2. 村民集体会议通过的决定质量越来越高					
	+C3. 包产到户以来，村干部的职务行为整体上越来越符合有关规定					
	+C4. 包产到户以来，村里资金或集体财产的使用状况整体上越来越好					
	+G5. 村公路的硬化，和之前相比，给村民的生活带来了很大方便					
	+G6. 村小学的重新修建，和之前相比，给孩子们提供了更好的学习环境					
	+G7. 由于良好的管理，自来水的使用没有引起村民之间的摩擦，大家用水用得更顺心了					

第四部分：村民参与民主与效率状况的满意程度

请根据您的真实感受对以下事项进行满意程度的评价，在相应的答案框里打“√”。

项目	很满意	比较满意	一般	不太满意	不满意
1. 村民集体会议或集体出工中村民实际参加者占应参加者的比例					

续表

项目	很满意	比较满意	一般	不太满意	不满意
2. 村民在村里集体事务中发挥的作用					
3. 村民对村里选举、村里集体事务的决策、管理和监督等领域的参与					
4. 村民参与行为在村庄集体事务中的地位					
5. 村集体工程所耗费的时间					
6. 村集体工程所投入的成本与最终结果的比率(大于1可以为满意，等于1可以为一般，小于1可以为不满意)					
7. 村集体工程给村民生活带来的方便和好处					

注意：这里的村集体工程指的是通过村民集体会议商量通过的，或者集体出工的集体工程。

再次感谢您的支持和帮助！

参考文献

中文图书

[1]埃哈尔·费埃德伯格. 权力与规则——组织行动的动力[M]. 张月，等，译，上海：上海人民出版社，2005.

[2]埃莉诺·奥斯特罗姆. 公共事物的治理之道[M]. 余逊达，陈旭东，译. 上海：上海三联书店，2000.

[3]巴林顿·摩尔. 民主与专制的社会起源[M]. 拓夫，译. 北京：华夏出版社，1988.

[4]伯纳德·巴伯. 科学与社会秩序[M]. 顾昕，译. 北京：三联书店，1991.

[5]戴维·奥斯本，特德·盖布勒. 改革政府：企业精神如何改革着公营部门[M]. 周敦仁，等，译. 上海：上海译文出版社，1996.

[6]道格拉斯·拉米斯. 激进民主[M]. 刘元琪，译. 北京：中国人民大学出版社，2006.

[7]道格拉斯·诺思. 经济史上的结构与变革[M]. 厉以平，译. 北京：商务印书馆，2013.

[8]道格拉斯·诺思. 制度、制度变迁与经济绩效[M]. 杭行，译. 上海：上海人民出版社，2008.

[9]德怀特·沃尔多. 行政国家：美国公共行政的政治理论研究[M]. 颜昌武，译. 北京：中央编译出版社，2017.

[10]杜赞奇. 文化、权力与国家：1900—1942年的华北农村[M]. 王福明，译. 南京：江苏人民出版社，2003.

[11]家庭、私有制和国家的起源[M]. 北京：人民出版社，1999.
[12]弗雷德里克·泰勒. 科学管理原理[M]. 胡隆昶，等，译. 北京：中国社会科学出版社，1984.
[13]盖伊·彼得斯. 政府未来的治理模式[M]. 吴爱明，等，译. 北京：中国人民大学出版社，2001.
[14]戈登·塔洛克. 公共选择[M]. 柏克，郑景胜，译. 北京：商务印书馆，2015.
[15]古德诺. 政治与行政[M]. 王元，译. 北京：华夏出版社，1987.
[16]哈耶克. 通往奴役之路[M]. 王明毅，冯兴元，译. 北京：中国社会科学出版社，1997.
[17]哈耶克. 自由秩序原理：上册[M]. 邓正来，译. 北京：三联书店，2003.
[18]韩丁. 翻身：中国一个村庄的革命纪实[M]. 韩倞，邱应觉，译. 北京：北京出版社，1980.
[19]汉娜·阿伦特. 人的条件[M]. 竺乾威，译. 上海：上海人民出版社，1999.
[20]华尔德. 共产党社会的新传统主义[M]. 龚小夏，译. 香港：牛津大学出版社，1996.
[21]黄宗智. 长江三角洲小农家庭与乡村发展[M]. 北京：中华书局，1992.
[22]卡尔·科恩. 论民主[M]. 聂崇信，等，译. 北京：商务印书馆，1988.
[23]卡罗尔·佩特曼. 参与和民主理论[M]. 陈尧，译. 上海：上海人民出版社，2006.
[24]柯武刚，史漫飞. 新制度经济学：社会秩序与公共政策[M]. 韩朝华，译. 北京：商务印书馆，2000.
[25]克利福德·格尔茨. 地方性知识——阐释人类学论文集[M]. 王海龙，等，译. 北京：中央编译出版社，2000.

[26]克利福德·格尔茨. 文化的解释[M]. 韩莉，译. 南京：译林出版社，2002.
[27]肯尼斯·阿罗. 社会选择与个人价值[M]. 丁建峰，译. 上海：上海人民出版社，2010.
[28]利普塞特. 政治人：政治的社会基础[M]. 刘钢敏，等，译. 北京：商务印书馆，1993.
[29]罗伯特·达尔. 论民主[M]. 李柏光，林猛，译. 北京：商务印书馆，1999.
[30]罗伯特·墨顿. 社会理论和社会结构[M]. 唐少杰，等，译. 南京：译林出版社，2015.
[31]罗伯特·帕特南. 使民主运转起来[M]. 王列，赖海榕，译. 南昌：江西人民出版社，2001.
[32]罗伯特·殷. 案例研究：设计与方法[M]. 周海涛，等，译. 重庆：重庆大学出版社，2010.
[33]罗纳德·科斯. 企业、市场与法律[M]. 盛洪，陈郁，译. 上海：上海人民出版社，2014.
[34]马克·穆尔. 创造公共价值：政府战略管理[M]. 伍满桂，译. 北京：商务印书馆，2016.
[35]共产党宣言[M]. 北京：人民出版社，1997.
[36]马克思恩格斯选集：第1卷[M]. 北京：人民出版社，2012.
[37]马克思恩格斯选集：第3卷[M]. 北京：人民出版社，2012.
[38]马克斯·韦伯. 经济与社会：第2卷 上册[M]. 阎克文，译. 上海：上海人民出版社，2010.
[39]马克斯·韦伯. 新教伦理与资本主义精神[M]. 简惠美，康乐，译. 桂林：广西师范大学出版社，2010.
[40]迈克尔·曼. 社会权力的来源：第2卷 上册[M]. 陈海宏，等，译. 上海：上海人民出版社，2007.
[41]乔·萨托利. 民主新论[M]. 冯克利，译. 北京：华夏出版社，1999.

[42]乔治·弗雷德里克森. 公共行政的精神[M]. 张成福，等，译. 北京：中国人民大学出版社，2003.

[43]乔·萨拜因. 政治学说史：上卷[M]. 邓正来，译. 北京：上海人民出版社，2008.

[44]卢梭. 社会契约论[M]. 何兆武，译. 北京：商务印书馆，2003.

[45]萨瓦斯. 民营化与公私部门的伙伴关系[M]. 周志忍，译. 南京：中国人民大学出版社，2002.

[46]塞缪尔·亨廷顿，琼·纳尔逊. 难以抉择：发展中国家的政治参与[M]. 汪晓寿，等，译. 北京：华夏出版社，1989.

[47]特里·库珀. 行政伦理学：实现行政责任的途径[M]. 张秀琴，译. 北京：中国人民大学出版社，2001.

[48]文森特·奥斯特罗姆. 美国公共行政思想的危机[M]. 毛寿龙，译. 上海：三联书店，1999.

[49]文森特·奥斯特罗姆. 美国联邦主义[M]. 王建勋，译. 上海：三联书店，2003.

[50]西达·斯考切波. 国家与社会革命——对法国、俄国和中国的比较分析[M]. 何俊志，等，译. 上海：上海人民出版社，2007.

[51]亚里士多德. 尼各马可伦理学[M]. 廖申白，译. 北京：商务印书馆，2003.

[52]亚里士多德. 政治学[M]. 吴寿彭，译. 北京：商务印书馆，1987.

[53]尤根·哈贝马斯. 在事实与规范之间：关于法律和民主法治国的商谈理论[M]. 童世骏，译. 北京：生活·读书·新知三联书店，2003.

[54]尤根·哈贝马斯. 公共领域的历史转型[M]. 曹卫东，等，译. 上海：学林出版社，1999.

[55]约翰·吉尔林. 案例研究：原理与实践[M]. 黄海涛，等，译. 重庆：重庆大学出版社，2017.

[56]约翰·罗尔斯. 万民法[M]. 张晓辉，李仁良，等，译. 长春：吉林人民出版社，2003.

[57]约翰·密尔. 代议制政府[M]. 汪瑄，译. 北京：商务印书馆，1982.
[58]约瑟夫·熊彼特. 资本主义、社会主义与民主[M]. 吴良键，译. 北京：商务印书馆，1999.
[59]詹姆斯·博曼. 公共协商：多元主义、复杂性与民主[M]. 黄相怀，译. 北京：中央编译出版社，2006.
[60]陈振明. 公共管理学：一种不同于传统行政学的研究途径：第2版[M]. 北京：中国人民大学出版社，2003.
[61]狄金华. 被困的治理：河镇的复合治理与农户策略(1980—2009)[M]. 北京：三联书店，2015.
[62]董建萍. 西方政治制度史简编[M]. 北京：东方出版社，1995.
[63]范柏乃，蓝志勇. 公共管理研究与定量分析方法[M]. 北京：科学出版社，2013.
[64]费孝通. 乡土中国与生育制度[M]. 北京：北京大学出版社，1998.
[65]郭于华. 仪式与社会变迁[M]. 北京：社会科学文献出版社，2000.
[66]贺雪峰. 乡村治理的社会基础：转型期乡村社会性质研究[M]. 北京：中国社会科学出版社，2003.
[67]黄达强. 行政学[M]. 北京：中国人民大学出版社，1988.
[68]江泽民文选：第2卷[M]. 北京：人民出版社，2006.
[69]金耀基. 中国政治与文化[M]. 香港：牛津大学出版社. 1997.
[70]林尚立. 当代中国政治：基础与发展[M]. 北京：中国大百科全书出版社，2016.
[71]林尚立. 当代中国政治形态研究：第2版[M]. 天津：天津人民出版社，2017.
[72]毛泽东选集：第1卷[M]. 北京：人民出版社，1991.
[73]彭和平，竹立家. 国外公共行政理论精选[M]. 北京：中共中央党校出版社，1997.
[74]彭真文选[M]. 北京：人民出版社，1991.
[75]钱杭，谢维扬. 传统与转型[M]. 上海：上海社会科学出版社，1995.

[76]阮新邦. 批判诠释与知识重建[M]. 北京：社会科学文献出版社，1999.

[77]苏力. 送法下乡：中国基层司法制度研究：修订版[M]. 北京：北京大学出版社，2011.

[78]孙立平，晋军，何江穗，等. 动员与参与——第三部门募捐机制个案研究[M]. 杭州：浙江人民出版社，1999.

[79]田穗生，高秉雄，吴卫生，等. 中外代议制度比较[M]. 北京：商务印书馆，2000.

[80]王铭铭. 村落视野中的文化与权力——闽台三村五论[M]. 北京：三联书店，1997.

[81]吴毅. 村治变迁中的权威与秩序——二十世纪川东双村的表达[M]. 北京：社会科学文献出版社，2002.

[82]夏书章. 行政效率研究[M]. 广州：中山大学出版社，1996.

[83]徐勇. 国家化、农民性与乡村整合[M]. 南京：江苏人民出版社，2019.

[84]杨光斌. 中国政治认识论[M]. 北京：中国社会科学出版社，2018.

[85]应星. 农户、集体与国家——国家农民关系的六十年变迁[M]. 北京：中国社会科学出版社，2014.

[86]俞可平. 治理与善治[M]. 北京：社会科学文献出版社，2000.

[87]张国庆. 行政管理学概论：第2版[M]. 北京：北京大学出版社，2000.

[88]张康之. 公共行政中的哲学与伦理[M]. 北京：中国人民大学出版社，2004.

[89]张明澍. 中国“政治人”[M]. 北京：中国社会科学出版社，1994.

中文刊物

[1]陈柏峰. 富人治村的类型与机制研究[J]. 北京社会科学，2016(9)：4-12.

[2]陈芳，陈振明. 当代中国地方治理中的公民参与——历程、现状与前景[J]. 东南学术，2008(4)：111-120.

[3]陈洪生. 政府决策理性及其对村民自治政策设计的影响[J]. 南京社会科学，2006(11)：77-82.

[4]陈利军. 论村民自治进程中主体公共参与的实现[J]. 求索，2007(11)：75-76.

[5]陈胜勇，于兰兰. 网络化治理：一种新的公共治理模式[J]. 政治学研究，2012(2)：108-119.

[6]仇叶. 富人治村的类型与基层民主实践机制研究[J]. 中国农村观察，2017(1)：52-66.

[7]戴烽. 家文化视角下的公共参与[J]. 广西社会科学，2008(4)：198-201.

[8]党国印. "村民自治"是民主政治的起点吗？[J]. 战略与管理，1999(1)：88-96.

[9]邓大才. 村民自治有效实现的条件研究——从村民自治的社会基础视角来考察[J]. 政治学研究，2014(6)：71-83.

[10]邓大才. 均衡行政与自治：农村基本建制单位选择逻辑[J]. 中共中央党校(国家行政学院)学报，2019(1)：35-42.

[11]狄金华，钟涨宝. 从主体到规则的转向——中国传统农村的基层治理研究[J]. 社会学研究，2014(5)：73-97.

[12]丁煌，张雅勤. 公共性：西方行政学发展的重要价值趋向[J]. 学海，2007(4)：113-117.

[13]何包钢，王春光. 中国乡村协商民主：个案研究[J]. 社会学研究，2007(3)：56-73.

[14]何艳玲. 公共价值管理：一种新的公共行政新范式[J]. 政治学研究，2009(6)：62-68.

[15]贺雪峰，仝志辉. 民主如何进入乡村社会[J]. 社会科学研究，2000(2)：19-24.

[16]贺雪峰. 行政还是自治：村级治理向何处去[J]. 华中农业大学学报(社会科学版)，2019(6)：1-5.
[17]胡敏中. 论马克思主义的自然时间观和社会时间观[J]. 马克思主义研究，2006(2)：38-43.
[18]黄杰. 当政治遇上历史：比较历史分析方法(CHA)介绍[J]. 政治学研究，2020(1)：112-123.
[19]蒋永甫，谢舜. 草根民主：内涵、限度与提升——村民自治的政治学思考[J]. 东南学术，2007(4)：31-37.
[20]杰瑞·斯托克. 地方治理研究：范式、理论与启示[J]. 浙江大学学报(人文社会科学版)，2007(3)：5-15.
[21]金东日，石绍成. 如何理解国家治理现代化——以民主行政理论为中心[J]. 中国行政管理，2015(11)：50-55.
[22]景跃进. 行政民主：意义与局限——温岭“民主恳谈会”的启示[J]. 浙江社会科学，2003(1)：27-30.
[23]李维安，周建. 网络治理：内涵、结构、机制与价值创造[J]. 天津社会科学，2005(5)：59-63.
[24]梁莹，肖其明. 社会资本与政策执行关系之研究[J]. 东南学术，2005(5)：71-79.
[25]马明洁. 权力经营与经营式动员——一个“逼民致富”的案例分析[J]. 清华社会学评论(第1辑)，厦门：鹭江出版社，2000.
[26]秦振霞，杨明金，宋松. “空心村”问题及其解决对策[J]. 农村经济，2009(3)：96-99.
[27]渠敬东. 项目制：一种新的国家治理体制[J]. 中国社会科学，2012(5)：113-130.
[28]任剑涛. 国家建构、国家建设与行政国家[J]. 暨南学报(哲学社会科学版)，2019(7)：16-29.
[29]沈延生. 村政的兴衰与重建[J]. 战略与管理，1999(6)：1-34.
[30]石绍成，吴春梅. 适应性治理：政策落地如何因地制宜？——以武陵

大卡村的危房改造项目为例[J]. 中国农村观察，2020(1)：44-60.
[31]宋桂兰，冯勋明. 制约村民自治有效运作的因素分析[J]. 当代世界与社会主义，2002(3)：55-57.
[32]孙立平，郭于华. “软硬兼施”：正式权力非正式运作的过程分析——华北B镇定购粮收购的个案研究[J]. 清华社会学评论(第1辑)，厦门：鹭江出版社，2000.
[33]孙昕，徐志刚，陶然，等. 政治信任、社会资本和村民选举参与——基于全国代表性样本调查的实证分析[J]. 社会学研究，2007(4)：165-187.
[34]陶郁，刘明兴. 群众社团与农村基层冲突治理[J]. 政治学研究，2014(1)：52-61.
[35]王春英. 公共参与的基层实践：农民自治组织的培育及其发展困境[J]. 四川行政学院学报，2009(1)：5-8.
[36]王绍光. 治理研究：正本清源[J]. 开放时代，2018(2)：153-176.
[37]王诗宗. 治理理论与公共行政范式进步[J]. 中国社会科学，2010(4)：87-100.
[38]温莹莹. 非正式制度与村庄公共物品供给——T村个案研究[J]. 社会学研究，2013(1)：113-133.
[39]吴春梅，石绍成. 论公共参与中民主与效率的整合[J]. 理论与改革，2010(5)：90-93.
[40]吴春梅，石绍成. 民主与效率的关系：基于社会治理模式变迁的考察[J]. 江汉论坛，2013(4)：40-44.
[41]吴春梅，石绍成. 行政思想史视阈下的社会参与——兼议公共行政的取向之争[J]. 学术论坛，2009(5)：54-58.
[42]吴勇. 马克思主义范式下的“治理民主”[J]. 中国行政管理，2007(8)：93-94.
[43]项继权，王明为. 村民小组自治的实践及其限度——对广东清远村民自治下沉的调查与思考[J]. 江汉论坛，2019(3)：40-48.

[44]项继权. 乡村集体化与民主化——若干乡村的实证分析[J]. 中国农村观察，1999(2)：53-58.

[45]项继权. 中国村民的公共参与——南街、向高、方家泉三村的考察[J]. 中国农村观察，1998(2)：40-47.

[46]徐勇. GOVERNANCE：治理的阐释[J]. 政治学研究，1997(1)：63-67.

[47]徐勇. 草根民主的崛起：价值与限度[J]. 中国社会科学季刊(香港). 2000年(夏季号).

[48]徐勇. 民主与治理：村民自治的伟大创造与深化探索[J]. 当代世界与社会主义，2018(4)：28-32.

[49]杨光斌. “国家治理体系和治理能力现代化”的世界政治意义[J]. 政治学研究，2014(2)：3-6.

[50]杨宏星，赵鼎新. 绩效合法性与中国经济奇迹[J]. 学海，2013(3)：16-32.

[51]于建嵘. 利益、权威和秩序——对村民对抗基层政府的群体性事件的分析[J]. 中国农村观察，2000(4)：70-76.

[52]于水. 乡村社会体制吸纳与协同治理的现实之辨[J]. 江海学刊，2008(6)：79-83.

[53]袁方成，盛元芝. “新公共管理运动”的困境与转型——新西兰公共部门改革的反思及参鉴[J]. 公共管理学报，2011(3)：115-122.

[54]张康之，程倩. 网络治理理论及其实践[J]. 新视野，2010(6)：36-39.

[55]张康之，李传军. 公共管理是一种新型的社会治理模式[J]. 行政论坛，2010(3)：1-7.

[56]张康之. 论抽象权力与具体权力[J]. 南京社会科学，2000(11)：39-44.

[57]张康之. 对“参与治理”理论的质疑[J]. 吉林大学社会科学学报，2007(1)：83-89.

[58]张志原，刘贤春，王亚华. 富人治村、制度约束与公共物品供给——以农田水利灌溉为例[J]. 中国农村观察，2019(1)：66-80.

[59]赵秀玲. 村干部腐败的社会文化因素探析[J]. 东岳论丛，2016(7)：120-125.

[60]折晓叶，陈婴婴. 项目制的分级运作机制和治理逻辑——对“项目进村”案例的社会学分析[J]. 中国社会科学，2011(4)：126-148.

[61]郑永年. 乡村民主与中国政治进程[J]. 二十一世纪，1996(6)：24-35.

[62]周志忍. 公共性与行政效率研究[J]. 中国行政管理，2000(4)：42-43.

[63]周志忍. 行政效率研究的三个发展趋势[J]. 中国行政管理，2000(1)：37-40.

[64]朱侃，郭小聪，宁超. 新乡贤公共服务供给行为的触发机制——基于湖南省石羊塘镇的扎根理论研究[J]. 公共管理学报，2020(1)：70-83.

英文图书

[1] Benjamin, B. *Strong Democracy*: Participatory Politics for a New Age [M]. Berkeley, California: University of California Press, 1984.

[2] Charles, T. *As Sociology Meets History*[M]. New York: Academic Press, 1975.

[3] Devellis, R. F. *Scale Development Theory and Application*[M]. London: SAGE, 1991.

[4] Fischer, F. Participatory Governance: From Theory to Practice[C]. In David Levi-Faur (ed.) *Oxford Handbook of Governance*. Oxford: Oxford University Press, 2012.

[5] Gulick, L. Notes on the theory of organization[C]. In Gulick, L. & L. Urwick (Eds.). *Papers on the science of administration*. New York:

Columbia University, 1937.

[6] Frederickson, H. G. Whatever Happened to Public Administration? Governance, Governance Everywhere [C]. In Ferlie, E., Jr. L. E. Lynn & C. Pollitt (eds.). *The Oxford Handbook of Public Management*. Oxford: Oxford University Press, 2007.

[7] Frederickson, H. G. *New Public Administration* [M]. Tuscaloosa and London: The University of Alabama Press, 1980.

[8] Koontz, H. & H. Weihrich. *Management* (9th ed.) [M]. New York: McGraw-Hill Inc., 1998.

[9] Simon, H. A. *Administrative Behavior: A Study of Decision-making Process in Administrative Organization* (4th ed.) [M]. New York: The Free Press, 1997.

[10] Mahoney, J. & D., Rueschemeyer (eds.). *Comparative Historical Analysis in the Social Science* [M]. New York: Cambridge University Press, 2003.

[11] Bevir, M. *Democratic Governance* [M]. Princeton: Princeton University Press, 2010.

[12] Patton, M. Q. *Qualitative Reseach and Evaluation Mathods* (3rd ed.) [M]. Thousand Oaks, CA: Sage, 2002.

[13] Peter, B. G. *The Future of Governing: Four Emerging Models* [M]. Kansas: University Press of Kansas, 1996.

[14] Pollitt, C. *Managerialism and the Public Service: Cuts or Cultural Change in the* 1990*s* [M]. Oxford: Basil Blackwell, 1990.

[15] Rhodes, R. A. *Understanding Governance: Policy Networks, Governance, Reflexivity and Accountability* [M]. Buckingham and Philadelphia: Open University Press, 1997.

[16] Dahl, R. A. *Democracy and Its Critics* [M]. New Haven: Yale University Press, 1989.

[17] Denhardt, R. & J. Denhardt. *The New Public Service: Serving, not Steering* [M]. Armonk, NY: M. E. Sharpe, 2003.

[18] Ostrom, V. *The Intellectual Crisis in American Public Administration* [M]. Tuscaloosa: The University of Alabama, 1989.

英文刊物

[1] Fung, A. & E. O. Wright. Deepening Democracy: Innovations in Powered Participatory Governance [J]. *Politics & Society*, 2001, 29(1): 5-41.

[2] Bozeman B. Public-Value Failure: When Efficient Markets May Not Do [J]. *Public Administration Review*, 2002, 62(2): 145-161.

[3] Bryson, J. M., B. C. Crosby & L. Bloomberg. Public Value Governance: Moving beyond Traditional Public Administration and the New Public Management [J]. *Public Administration Review*, 2014, 74(4): 445-456.

[4] Ansell, C. & A. Gash. Collaborative Governance in Theory and Practice [J]. *Journal of Public Administration Research and Theory*, 2008, 18(4): 543-571.

[5] Hood, C. A Public Management for all Seasons? [J]. *Public Administration*, 1991, 69(1): 3-19.

[6] Levitan, D. M. Political Ends and Administrative Means [J]. *Public Administration Review*, 1943, 3(4): 353-359.

[7] Waldo, D. Development of Theory of Democratic Administration [J]. *The American Political Science Review*, 1952, 46(1): 81-103.

[8] Klijn, E. H. & C. Skelcher. Democracy and Governance Networks: Compatible or Not? [J]. *Public Administration*, 2007, 85(3): 587-608.

[9] Sørensen, E. & J. Torfing. Making Governance Networks Effective and Democratic through Metagovenance [J]. *Public Administration*, 2009, 87(2): 234-258.

[10] Gerring, J. Causation: A Unified Framework for the Social Science[J]. *Journal of Theoretical Politics*, 2005, 17(2): 163-198.

[11] Stoker, G. Public Value Management: A New Narrative for Networked Governance[J]. *American Review of Public Administration*, 2006, 36(1): 41-57.

[12] Simon, H. A. The Proverbs of Administration[J]. *Public Administration Review*, 1946, 6(1): 53-67.

[13] Provan, K. & K., Patrick. Modes of Network Governance: Structure, Management, and Effectiveness [J]. *Journal of Public Administration Research and Theory*, 2008, 18(2): 229-252.

[14] Terry, L. D. Administrative Leader-ship, Neo-Managerialism, and the Public Management Movement[J]. *Public Administration Review*, 1998, 58(3): 194-200.

[15] Lily, L. T. Solidary Groups, Informal Accountability, and Local Public Goods Provision in Rural China [J]. *The American Political Science Review*, 2007, 101(2): 355-372.

[16] Denhardt, R. & J. Denhardt. The New Public Service: Serving Rather than Steering[J]. *Public Administration Review*, 2000, 60(6): 549-559.

[17] Arnstein, S. R. A Ladder of Citizen Participation[J]. *Journal of the American Institute of Planners*, 1969, 35(4): 216-224.

[18] Tilly, C. Mechanisms in Political Processes [J]. *Annual Review of Political Science*, 2001(4): 21-41.

[19] Jørgensen, T. B. & Bozeman, B. Public Values: An Inventory [J]. *Administration & Society*, 2007, 39(3): 354-381.

[20] Wilson, W. The Study of Administration[J]. *Political Science Quarterly*, 1887, 2(2): 197-222.

后　记

本书是在硕士学位论文的基础上修改而来，该文曾获“湖北省优秀硕士学位论文奖”。十年后再修订与出版本书，主要是因为“民主与效率关系”有助于推进乡村振兴中“治理有效”问题的理论思考，还有其较为易见的现实价值。

本书对原文进行了较大幅度的修改，主要包括：(1)大幅增加了公共参与范式变迁部分的内容，增补了学界对民主与效率关系问题研究的最新进展。(2)将原文中的“治理民主”提升为本书的核心概念，并在村庄治理场域下建构了治理民主的理论分析框架。(3)增加了“乾村村治的比较历史分析”一章，主要是为了验证治理民主与“民主与效率整合”之间的因果机制。

本书渗透了我现在的学术追求。在过去这些年中，我的学术旨趣逐渐转向实证研究，本书对乾村日常生活的关注便是其突出标志。这次修订给我带来的最大收获便是：学术存在多样的文体，写出来总比想象的要困难许多，并且只有写出来才是对自己想法最好的明证。

很多事情都是有遗憾的，包括本书的修订。在进行案例比较时，我已经感到其中有的理论问题并不是现有资料与篇幅能够说得清楚的。还有在“问题提出”时，本书并未能对经典理论提出挑战，并给出超越的路径。也许这与“治理有效”是个新问题有关。本书最大的学术企图就是提出并证明“可治理的民主”这一因果机制，然而其中的困难超出我的想象。受制于自己有限的学术能力，本书只能算是一次初步的尝试。

本书的部分内容曾在《中国行政管理》《中国农村观察》《江汉论坛》《理

论与改革》等学术期刊上发表过。在此向以下编辑老师表示感谢，他们分别是《中国行政管理》的刘伟、《中国农村观察》的贾伟、《江汉论坛》的刘龙伏以及《理论与改革》的唐兵。

本书的出版主要得益于吴春梅老师的督促。不论用什么语言来表达对吴老师的感谢都显得苍白。这里只能许下“小小”的愿望：希望自己能够成为像吴老师那样的好老师。这里要特别感谢吴老师所领衔的课题组对本书出版的资助。另外，还要感谢梁伟军、程华东、胡丰顺、霍军亮等学院领导对我的关怀，没有他们的关怀，本书便难以出版。

本书依旧是在非常忙碌的节奏中完成的。感谢我的妻子对我生活上的照顾，让我得以最大可能地集中精力写作。也感谢师弟师妹们给我单调的生活带来调剂与快乐，他们是王杰、靳雯、张丽媛、李青、张梅梅、梅欢欢、王婷等。最后要感谢我的母亲，十年前，她帮我做问卷调查的样子依然历历在目；十年后，她更是为本书的写作提供了大量经验素材。

石绍成

2021 年 6 月 30 日